TaVe

Friedrich Nietzsche

Wahre Geschichten

um

Friedrich Nietzsche

Aufgeschrieben
von
Elmar Schenkel

TAUCHAER VERLAG

WAHRE GESCHICHTEN NR. 98

Schenkel, Elmar:
Wahre Geschichten um Friedrich Nietzsche /
Wahre Geschichten 98
1. Aufl. – [Leipzig]: Tauchaer Verlag 2023
ISBN 978-3-89772-323-8

Satz / Herstellung: Sabine Ufer Verlagsherstellung
Printed in EU

ISBN 978-3-89772-323-8

Inhalt

Wahre Geschichten? Ein Vorwort 7

Zettelwirtschaft 10

Nietzsche in Leipzig 15

Die Sterne 22

Schreibkugeleien. Wie Nietzsche es mit der Schreibmaschine versuchte 27

Die Bänke. Der Versuch, Tautenburg mit Nietzsche zu verschönern 35

Tautenburg II: Nietzsche lehrt Stil 41

Das mit der Peitsche 45

Kein Friedrichshain in Lamaland: Das koloniale Abenteuer der Schwester 51

Fotogenialität: Wie Nietzsche sich abbilden ließ 62

Der Detektiv und der Philosoph 72

Besuche in Röcken 79

Das Pferd von Turin 89

Der Rembrandtdeutsche will den Philosophen heilen 96

Übermenschlicher Unsinn:
Morgenstern liest Nietzsche 101

Vom Übermenschen zum Superman 109

Signaturen: eine Biographie in
Briefunterschriften 117

Kurzmeldungen. Ein ABC 123

Unwahre Geschichten, wahre Ungeschichten: 149

Literaturverzeichnis (Auswahl) 154

Abbildungsverzeichnis 157

Wahre Geschichten? Ein Vorwort

Was ist Wahrheit?, soll Pilatus Jesus gefragt haben, und wandte sich sogleich ab, bevor er die Antwort hören konnte. So geht die Legende. Nietzsche hat sein Leben lang nach Wahrheit gefragt - und dafür auch alte Lebensmuster geopfert. In seinem *Gott ist tot!* kommt der ganze Konflikt zwischen Glauben und Wahrheit zum Ausdruck - zumindest was die Wahrheit betrifft, wie sie die Wissenschaft und der Zweifel im 19. Jahrhundert angesprochen haben. In einem zu Lebzeiten unveröffentlichten Essay hat sich Nietzsche mit *Wahrheit und Lüge im außermoralischen Sinne* beschäftigt und festgehalten, was gar nicht festzuhalten ist: *Was ist also Wahrheit? Ein bewegliches Heer von Metaphern, Metonymien, Anthropomorphismen, kurz eine Summe von menschlichen Relationen, die, poetisch und rhetorisch gesteigert, übertragen, geschmückt wurden und die nach langem Gebrauch einem Volke fest, kanonisch und verbindlich dünken: die Wahrheiten sind Illusionen, von denen man vergessen hat, daß sie welche sind, Metaphern, die abgenutzt und sinnlich kraftlos geworden sind, Münzen, die ihr Bild verloren haben und nun als Metall, nicht mehr als Münzen, in Betracht kommen.*

Man nutzt „Wahrheiten", um neue Illusionen zu schaffen. Lügen kann hilfreich sein, so lange es nicht schädigt, und wenn man weiß, welche Worte man gebrauchen darf, kann man mit ihnen imaginäre Welten erschaffen, die die anderen für real halten. Erst recht wird Wahrheit fragwürdig, wenn sie das Leben betrifft, das eigene wie das der anderen. Nietzsche schreibt an einer Stelle, dass man mit vierzig das Recht habe, eine Autobiographie zu schreiben. Er selbst hatte sich dieses Recht schon mit vierzehn genommen – als Schüler der Klosterschule Pforta. Im August 1858 schrieb er an seine Tante Rosalie: *Ich habe aber noch eine große Bitte: Da ich jetzt meine Biographie schreiben will, bemerke ich mit Schrecken, daß ich über das Leben des Papa und des Großonkels Krause, dann der Großmamma in großer Ungewißheit bin und fast keine Data weiß. Ach willst Du nicht so gut sein, und mir einen kurzen Lebensabriß von diesen lieben Personen und Charakterschilderung schreiben.* Von der Mutter wünscht er sich zu Weihnachten desselben Jahres: *Gebundene Octavbücher für Biographie und Gedichte. Wachsstock. Nüsse. Papier. Pfefferkuchen, usw. – – ? – – – – ? – Nun, das sind meine Wünsche. Ich weiß nicht, ob sie erfüllt werden.* Meist wurden sie erfüllt: Sein Leben lang versorgten ihn Mutter und Schwester mit allen möglichen Paketen, die von Würsten bis Socken vielerlei bargen.

Ich habe hier einige biographische Geschichten zu Nietzsche gesammelt, die zum Teil auch über sein Leben hinausgehen bis in das 20. und 21. Jahrhundert hinein. Wer sich gut bei Nietzsche auskennt, wird hier einige vertraute Episoden wiederfinden, vielleicht aber auch unbekannte oder übersehene Geschichten und Vernetzungen entdecken. Für die anderen mögen diese Erzählungen einen anderen Nietzsche eröffnen, der über die „Peitsche", das Turiner Pferd und den einsamen Zarathustra hinausgeht. Dass Nietzsche ein Philosoph mit vielen Facetten und Widersprüchen ist – vielleicht der widersprüchlichste überhaupt –, ist bekannt. Daraus aber kann ein Reichtum an Lektüren entstehen, zu denen dieses Bändchen beitragen möchte. Ob alles wahr ist, weiß niemand. Wenn ich Zweifel habe, so habe ich dies vermerkt. Ein britischer Physiker sagte dieser Tage: *Es gibt eine Wahrheit, doch wir werden sie nie erfahren*.

Ich danke dem Verleger Ralf C. Müller für die Idee zu einem solchen Geschichtenbuch, die mir zwischen Tür und Angel zuflog. Es hat mir viele kleine Türen zu Nietzsche geöffnet, von denen ich selbst nur ahnte. Sehr wertvoll waren für mich die Tage im Naumburger Nietzsche Dokumentationszentrum, wo Catarina Caetano da Rosa und Ralf Eichberg mich mit allen Kräften bei der Suche unterstützt haben. Stefanie Jung in Röcken verdanke ich viele Erzählungen über Besucher und Geschichten. Katja Brunsch hat den Text kritisch durchforstet und mich vor den schlimmsten Fehlern bewahrt. Und meiner Frau Ulrike Loos danke ich wieder einmal für die Geduld und das Interesse, sich schräge Geschichten anzuhören und sie zu filtern.

Leipzig, im Juni 2022

Man kennt die Botschaften, die Nietzsche Anfang 1889 auf den sogenannten „Wahnzetteln“ an verschiedene Adressaten versandte, als er im Begriff war, in eine elfjährige geistige Umnachtung zu tauchen. Oft unterzeichnet er sie als *Dionysos* oder *Der Gekreuzigte.*

- *Indem ich der Menschheit eine unbegrenzte Wohlthat erweisen will, gebe ich ihr meine Dithyramben* [an Catulle Mendès].
- *Eheu? … Nicht mehr Divorçons? …* [an August Strindberg].
- *Die Welt ist verklärt, denn Gott ist auf der Erde. Sehen Sie nicht, wie alle Himmel sich freuen? Ich habe eben Besitz ergriffen von meinem Reich, werfe den Papst ins Gefängnis und lasse Wilhelm* [Kaiser Wilhelm II.], *Bismarck und Stöcker* [Theologe, Politiker, Antisemit] *erschießen* [an Meta von Salis].

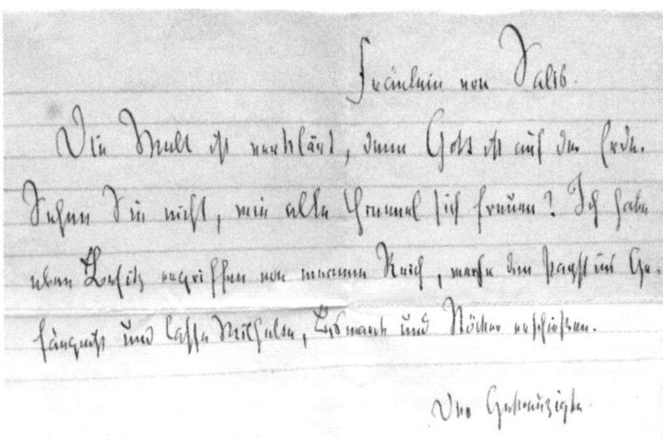

Fräulein von Salis.

Die Welt ist verklärt, denn Gott ist auf der Erde. Sehen Sie nicht, wie alle Himmel sich freuen? Ich habe eben Besitz ergriffen von meinem Reich, werfe den Papst ins Gefängnis und lasse Wilhelm, Bismarck und Stöcker erschießen.

Der Gekreuzigte

Nachricht an Meta von Salis, vom Gekreuzigten

- *Es ist ein Vorurteil, daß ich ein Mensch bin. Aber ich habe schon oft unter den Menschen gelebt und kenne Alles, was Menschen erleben können, vom Niedrigsten bis zum Höchsten. Ich bin unter Indern Buddha, in Griechenland Dionysos gewesen. – Alexander und Caesar sind meine Inkarnationen, insgleichen der Dichter des Shakespeare Lord Bakon* [Francis Bacon]. *Zuletzt war ich noch Voltaire und Napoleon, vielleicht auch Richard Wagner* [...] *Ich habe auch am Kreuze gehangen* [an Cosima Wagner].
- *... Ich lasse eben alle Antisemiten erschießen ...* [an Franz Overbeck].
- *Ich gehöre zu euch, ich bin mehr noch Pole als ich Gott bin, ich will euch Ehre geben, wie ich Ehren zu geben vermag ...* [An *den erlauchten Polen*].
- *Mein Friede sei mit dir! Ich komme Dienstag nach Rom und will dich neben seiner Heiligkeit dem Papst sehn* [an Umberto I., König von Italien].
- *Lieber Herr Professor, zuletzt wäre ich sehr viel lieber Basler Professor als Gott; aber ich habe es nicht gewagt, meinen Privat-Egoismus so weit zu treiben, um seinetwegen die Schaffung der Welt zu unterlassen* [an Jacob Burckhardt].

Es ist immer schmerzhaft, diese geistigen Abschiede eines großen Philosophen zu lesen und seinem Absturz beizuwohnen. In gewisser Weise macht er jedoch wahr, was er als Denkender oft angesprochen hat: den Rückzug in die totale Einsamkeit und das Sich-Selbst-Nicht-Verstehen: *Wir sind uns unbekannt, wir Erkennenden,* schrieb er in *Zur Genealogie der Moral* nur zwei Jahre zuvor. Die kurzen, absurd-phantastischen Signale vom Rande des Abgrunds erinnern uns auch daran, dass es bei Nietzsche schon lange eine Zettelwirtschaft gab. Da er im Laufe des Lebens immer schlechter sehen konnte, werden auch seine

Texte immer kürzer – in Form von Aphorismen, Notaten und kurzen Essays. Auch nähern sie sich dem Brieflichen an: Er spricht gern in der Wir-Form, er redet uns als Leser an, wodurch sein Denken eine lebendige Form erhält.

Mit Hilfe von Zetteln musste er schon als Schüler kommunizieren, als er das berühmte Internat in Schulpforta bei Naumburg besuchte. Es ist beklemmend, diese Zettel im Vorblick auf seine Wahnbriefe zu lesen. Sie zeigen aber auch etwas von der schulischen Realität, die so ganz das Gegenteil des wirren Kosmos war, in den er am Ende seines Lebens einziehen sollte – eine hierarchisch gegliederte Gesellschaft, die den geordneten Umgang, Höflichkeit und Gehorsam verlangte – all das, was Nietzsche eben eines Tages abwerfen sollte. Zwischen den Briefen an die Mutter, in denen er um Schokoladenpulver, Nüsse, Bücher, Stiefel, geflickte Hosen, Pomade oder Stahlfedern bittet, finden sich diese Zettel an die Lehrer:

- *Der Al.* [*alumnus*/Schüler] *Nietzsche bittet um die Erlaubniß sich einen Krug anschaffen zu dürfen.*
- *Der Al. Nietzsche bittet u 2½ Sgr.* [Silbergroschen – N. verwendet auch *Srg.*] *zum Spaziergang.*
- *Der Al. Nietzsche bittet um die Erlaubniß, sich Tinte anschaffen zu dürfen.*
- *Nietzsche bittet um 2½ Sgr. zum Haareschneiden. –*
- *Nietzsche bittet um 11 Sgr. für Klaviermiethe. –*
- *Nietzsche bittet um die gütige Erlaubniß, sich ein Religionsheft anschaffen zu dürfen.*
- *Hr Prof. Buddensieg wird gehorsamst um 2½ Srg. für einen blinden Rechenmeister gebeten.*
- *Hr. Prof. Buddensieg wird gehorsamst um 2 Srg. für zwei Portionen Zucker zur Medizin gebeten.*
- *Nietzsche bittet gehorsamst um 2½ Srg. für den Schlüssel zum Primuskasten.*

1862, in Pfortenser Zeit

- *Nietzsche bittet gehorsamst um 2½ Srg. für das Goethedenkmal.*
- *Der Al. Nietzsche bittet um die gütige Erlaubniß, sich eine Badehose anschaffen zu dürfen.*

Damals war Nietzsche Klassenprimus und hatte höhere Aufgaben, zum Beispiel für die Unterhaltung bei Wanderungen zu sorgen oder in den Pausen den Schulhof zu überwachen. Darauf war er stolz. Später wird er um die Erlaubnis bitten, sich ein Messer schleifen oder einen Band Cicero einbinden lassen zu dürfen, wird Begräbniskosten erbitten. Geld für den Besuch eines Panoramas wird gebraucht, für das Schulfest, eine Bergwanderung, Gänsefedern, für die Ausbesserung einer Matratze oder ein Feuerwerk. Die Kosten für das Rasieren kommen bald dazu. Und einer der späteren Zettel (vom 22. März 1864, ein halbes Jahr vor dem Abitur) enthält geradezu das Programm seiner Philosophie, die Postmoderne vorwegnehmend:

– *Nietzsche bittet um 5 Srg. für das Einheizen der Differenz.*

Bei Nietzsche stößt man immer auf Extreme. Auf der einen – Pfortenser – Seite die Abrichtung des Ich durch gesellschaftliche Institutionen. Und wir wissen, dass der junge Nietzsche sehr brav war. Auf der anderen Seite jene Zettel, deren Ich nun selbst alles richten will und sich dabei zugrunde richtet.

Nietzsche in Leipzig

Röcken und Naumburg lagen im Kraftfeld eines Magneten namens Leipzig: der bedeutenden Messe- und Handelsstadt an der Kreuzung wichtiger Handelswege, die von Kiew bis nach Spanien, von der Ostsee bis zum Mittelmeer führten. Zudem konnte es sich seit 1409 einer der ältesten Universitäten Deutschlands rühmen. Nach dem Studienjahr in Bonn wandte sich Nietzsche als Schüler des bekannten Altphilologen Friedrich Ritschl in Leipzig den Sprachen und Literaturen der Antike zu. Er wurde schnell zum Star unter den Studenten, und sein Selbstbewusstsein erklomm höchste Höhen. Am Tage der Immatrikulation am 19. Oktober 1865 schreibt er einem Freund: *Die Leipziger Studenten mißfallen uns. Sie sind zumeist knirpsartig und scheinen dumm. Das ist ein Vorurtheil. Heute vor hundert Jahren wurde der Student Wolfgang Göthe immatrikuliert. Wir haben die bescheidne Hoffnung, daß man nach wieder hundert Jahren auch unsrer Immatrikulation gedenkt.* Ja, das ist eingetreten: Im Oktober 2015 gedachte die Universität Leipzig nach 150 Jahren seiner Immatrikulation mit einer kleinen Tagung.

Nietzsche wohnte in Leipzig unter mehreren Adressen. Die erste war die Blumenstraße, die heutige Scherlstraße, die von der Dresdner Straße abgeht. Dort war im 19. Jahrhundert nicht nur der zentrale Publikationsort für theosophische Schriften, sondern in einer Villa gleich an der Ecke zur Dresdner Straße wohnte der berühmte Philosoph, Physiker und Psychologe Gustav Theodor Fechner (1801–1887). Von 1850 bis zu seinem Tode lebte er dort – also auch zu

Authentischer Ort heute: Blick in die Scherlstraße, rechts die Villa Fechners

der Zeit, als der Student Nietzsche sich in der Nachbarschaft niederließ. Doch der scheint ihn zu diesem Zeitpunkt nicht beachtet zu haben. Nietzsche hatte sich bei einem Antiquar eingemietet, *der außer Büchern leider auch kleine Kinder hat, die ziemlich viel schreien*, schreibt er an Freund Hermann Mushacke. Außerdem gibt es in der Nähe eine Geldschrankfabrik, die bei der Herstellung feuerfester Tresore ordentlich für Lärm sorgt. Die Stimmung sinkt, wenn es regnet und er die verdrießlichen Gesichter der Menschen ringsum beobachtet, in den nahen Gärten alles gelb, öde und *mumienhaft*. Er wird so recht misanthropisch, und da ist es kaum verwunderlich, als er im Antiquariat auf einen anderen Menschenfeind stößt – nämlich Arthur Schopenhauer (1788–1860). Der wird ihm einstweilen geistiger Ersatz für den verlorenen Vater und fortan zum Inbegriff seines Lebens, überhaupt des Lebens jenseits von Christentum und deutschen Denkgepflogenheiten - Visitenkarte von Nietzsches Rebellion gegen die herrschende Kultur. Vorerst wird Nietzsche zu Schopenhauers Apostel und versucht im Freundeskreis weitere Jünger zu finden. So wird der spätere Indologe Paul Deussen (1845–1919), ein Freund aus Pfortenser Zeiten, eines Tages die deutsche Schopenhauergesellschaft leiten. Schopenhauer steht auch Pate für die Freundschaft mit einem anderen Ersatzvater: Richard Wagner (1813–1883). Der ist übergroß - eine sowohl psychische als auch musikalisch-kulturelle Macht. Dass es dazu kam, ist einer Reihe von Zufällen zu danken, die sich aber nahezu zwangsläufig aneinanderreihen: Nietzsche konnte einige Stücke aus Wagners Musik schon auf dem Klavier spielen, was er etwa bei den Ritschls auch tat; durch Ritschls Frau Sophie, die mit Wagners Schwester Ottilie Brockhaus, der Frau des Orientalisten Hermann Brockhaus, befreundet war, erfuhr dies der Komponist; als der nun einige Tage in Leipzig weilte, wollte er den jungen Wagner-begeisterten Studenten kennenlernen, und so lud man Nietzsche für den 8. November 1868 ein. Man stelle sich nun vor, ein 24-jähriger Student erhält eine private Einladung zum Besuch bei einem national gefeierten Tonmeister! Für Nietzsche, der auf seine äußere Erscheinung sehr wohl achtete, war dies eine Herausforderung. Zufällig ist ihm vom Schneider ein neuer Ballanzug versprochen worden. Als der spät gebracht wird, liefert sich der Student einen Streit mit dem Boten, weil er ihn nicht gleich bezahlen will. Es kommt zu Handgreiflichkeiten und der Bote zieht mit dem Kleidungsstück wieder ab. Nietzsche sitzt nun im Hemd da, betrachtet seinen alten, schwarzen Rock und fragt sich, *ob er für Richard gut genug ist*. Am Abend spielt der Rock keine Rolle mehr, denn Nietzsche ist einfach hingerissen von dem großen Meister, so wie der im begabten Studenten einen potenziellen künftigen Apostel findet. Im folgenden Jahr zieht Nietzsche als Professor nach Basel, während sich Richard Wagner und Cosima in Tribschen am Vierwaldstätter See niederlassen. Mehr als 20 Wochenenden wird Nietzsche herüberkommen und die Stunden mit den Wagners verbringen – es ist die wohl erfüllendste und schönste Zeit seines Lebens.

Schopenhauer und Wagner – die neuen Väter – sind prägend für diese Jahre der Selbstfindung. Es steckt einiges an Todessehnsucht in diesen Beziehungen, vielleicht auch Erinnerungen an den eige-

Der Meister mit Tochter Eva, 1867 in Tribschen

nen verstorbenen Vater, wenn er schreibt, bei beiden fasziniere ihn *die ethische Luft, der faustische Duft, Kreuz, Tod und Gruft* (8.10.1868 an Erwin Rohde).

Vieles ließe sich noch über die Leipziger Jahre sagen, dem Sprungbrett für Nietzsches Karriere als Altphilologe. So errang er hier mit einem Aufsatz einen akademischen Ersten Preis, was sicherlich seinen Ruf nach Basel begünstigte. Sein Lehrer Ritschl förderte ihn, wo er nur konnte, denn er erkannte in Nietzsche mehr als ein großes Talent. Und war doch enttäuscht, als Professor Nietzsche sich in seiner ersten großen Veröffentlichung der *Geburt der griechischen Tragödie* auf eine Art widmete - nämlich *aus dem Geiste der Musik* –, dass den soliden Philologen die Haare zu Berge standen. Das Werk sollte das Ende seiner philologischen Karriere markieren. Nach Leipzig kehrte er immer einmal wieder für kurze Zeiten zurück, aber seinen südlichen Ambitionen war die Messestadt nicht gewachsen.

Ich möchte jedoch noch einige kuriose Figuren und Episoden nennen, die in der biographischen Literatur zu Nietzsche meist untergehen. So pflegte er Umgang mit dem Studienkollegen Franz Hüffer aus Münster (1845–1889), über den er später sagte:

Ein talentvoller Mensch, dem die Natur den Begriff der Taille versagt hatte, trieb er die schönen Künste, vornehmlich Musik mit Eifer, übersetzte gewandt aus dem Französischen [...] *Wir lagen uns immer in den Haaren in musikalischen Punkten, vornehmlich über die Bedeutung ging uns nie die Stimme und die Galle aus. Ich gebe ihm jetzt nachträglich zu, daß sein musikalisches Urtheilen und Empfinden feiner, vor allem gesunder entwickelt war als das meinige. Aber damals vermochte ich dies nicht einzusehen und empfand manchen Schmerz über seinen rücksichtslosen Widerspruch.* Nietzsches Einsicht ist zu loben. Aus Franz Hüffer wurde indes bald Francis Hueffer, ein Brite. Er wanderte 1869 nach London aus und wurde dort einer der gefürchteten wie bewunderten Musikkritiker, brachte den Briten Wagner und Liszt nahe und heiratete die Tochter des berühmten Malers Ford Madox Brown. Das Paar hatte einen Sohn, der nach den Großvätern Ford Herrmann hieß – den Namen Hueffer legte er mit dem Ersten Weltkrieg ab und nannte sich fortan Ford Madox Ford. Dieser Sohn wurde zu einem großen Romancier der modernen englischsprachigen Literatur, der zum Beispiel mit Joseph Conrad zusammenarbeitete. 1869 hatte Hüffer übrigens über einen provenzalischen Troubadour promoviert. Möglicherweise geht Nietzsches Interesse an den Troubadours auf die Begegnung mit Hüffer zurück. In der *Fröhlichen Wissenschaft* sollte dieses Motiv – bis in den Buchtitel hinein – wieder aufleben.

Als Mitglied des Klassisch-philologischen Vereins in Leipzig, um 1867 (hinten, dritter von links)

Aus purem Eigeninteresse erwähne ich, dass Nietzsche in den Leipziger Jahren Umgang hatte mit einem „Vetter“ namens Schenkel. Der Biograph Curt Janz schreibt, dass Nietzsche mit diesem Jurastudenten Rudolf Schenkel nicht viel anfangen konnte. Die Schwester von Nietzsches Mutter, Ida Oehler, hatte einen Moritz Schenkel geheiratet. Rudolf Schenkel also war ein waschechter Sachse, der Tanz und Unterhaltung liebte, und mit dem der eigenbrötlerische, studierfreudige Nietzsche auf Dauer nicht zusammenhocken wollte, doch hat der fröhliche Charakter dem Gelehrten gelegentlich sicher auch gutgetan.

Nietzsche versuchte, einige Jahre nach Aufgabe seiner Basler Professur 1882/83, eine Professorenstelle in Leipzig zu bekommen. Doch schlug man sein Gesuch ab, weil er wegen seiner Stellung zum Christentum nicht mehr lehrfähig schien. Damit war klar, dass ihn keine deutsche Universität mehr einstellen würde. Aber es war die Universität Leipzig, an der nach seinem Tod die erste Vorlesungsreihe zu Nietzsche in Deutschland stattfand, gehalten von Professor Raoul Richter, der auch mit dem Weimarer Nietzsche-Archiv verbunden war. Und in der Hinrichsenstraße 32 im Waldstraßenviertel wurde 2014 eine Plakette angebracht, die besagt, dass Nietzsche in diesem Haus 1882, 1885 und 1886 wohnte. Es ist wohl das einzige erhaltene Nietzsche-Haus in Leipzig.

Die Sterne

Es gibt im Menschenleben Augenblicke
Wo wir vergessen daß wir einen Punct
Im unermessnen Weltall nur bewohnen!,

schreibt der fünfzehnjährige Nietzsche an seine Mutter, als diese zu Verwandten in den Südharz reist. Danach stellt er eine Liste auf mit den Dingen, die Franziska doch bitte schicken möge: Teelöffel, Oblaten, Kakao, Wäsche, Schlittschuhe. So schnell geht die Reise zwischen den Sternen und dem Alltag hin und zurück. Nietzsche hat sie immer wieder durchmessen. Aufstieg und Absturz, Melancholie und Euphorie lagen nah beieinander. Er glaubte nicht an Astrologie und verachtete den Okkultismus. Aber die Sterne richteten ihn auf, spielerisch nahm er ihren Einfluss an. Vor allem aber standen sie für die Perspektive: Der Blick in das Schwarze des Alls verkleinerte den Menschen ins Unendliche. 1873, da war er keine dreißig Jahre alt, schrieb er einen Essay, der wegweisend für die Nietzsche-Rezeption nach dem Zweiten Weltkrieg werden sollte: *Über Wahrheit und Lüge im außermoralischen Sinn.* Er beginnt wie ein Science-Fiction-Roman (zum Beispiel Douglas Adams' *Per Anhalter durch die Galaxis*): *In irgendeinem abgelegenen Winkel des in zahllosen Sonnensystemen flimmernd ausgegossenen Weltalls gab es einmal ein Gestirn, auf dem kluge Tiere das Erkennen erfanden. Es war die hochmütigste und verlogenste Minute der „Weltgeschichte"; aber doch nur eine Minute. Nach wenigen Atemzügen der Natur erstarrte das Gestirn, und die klugen Tiere mußten sterben.*

Dieser Sternenblick reduziert den Menschen auf ein Staubkörnchen im Getriebe der Galaxien und Sternennebel. Und doch sieht er – der Mensch und Nietzsche selbst – sich im Zentrum eines großen Geschehens, als *Kreuzspinne im Knoten des Weltall-Netzes*, auch wenn er sich sogleich wieder darüber lustig macht.

Lou von Salomé (1861–1937)

Sternenfreundschaften, durch die Konstellation arrangierte und besiegelte Beziehungen, waren ihm vertraut. Mit Lou Salomé, später Lou Andreas-Salomé, der jungen freigeistigen Denkerin, wurde ihm im April 1882 ein Treffen in Rom vermittelt. Die mütterliche Freundin Malwida von Meysenbug schickte Nietzsches Freund Paul Rée und Lou in den Petersdom. Rée setzt sich in einen Beichtstuhl, um an seinen moralkritischen Sentenzen zu feilen. Nietzsche tritt in den Dom, sieht die junge Frau, die ihm angekündigt ward, und ruft aus: *Von welchen Sternen sind wir uns hier einander zugefallen?* Man weiß wie dieser Sternenflug endete: mit gegenseitigen Beschuldigungen und dem Ende der freundschaftlichen Dreierbeziehung. Aber Dom, Stern und Fall sind hier in einem irdischen Moment, bei dem dem hagestolzen Philosophen die Sinne und der Geist durchbrennen, gut eingefasst, wie auf der Bühne.

Die Sterne riefen ihn wieder. Im Jahre 1885, mitten in den Jahren, als Hauptwerke wie *Die Fröhliche Wissenschaft, Jenseits von Gut und Böse, Also sprach Zarathustra* und die *Genealogie der Moral* entstanden, schreibt er in einem Brief über einen Besuch in Arcetri bei Florenz. Dort, wo Galileo unter Hausarrest wohnte, stand seit dem 18. Jahrhundert eine berühmte Sternwarte, ab 1872 durch eine neue ersetzt. Nietzsches Freund Paul Lanzky, ein in Italien lebender Schriftsteller, brachte ihn dorthin. Lanzky war mit dem dortigen Astronomen Ernst Wilhelm Leberecht Tempel (1821–1889) befreundet, einem Wissenschaftler aus der Lausitz, der an diesem renommierten Ort das Weltall beobachtete. Tempel hatte zuvor schon einen Kometen und den Merope-Nebel in den Plejaden entdeckt. (Merope war eine der sieben Plejaden, an den Himmel verbannte Nymphen. Wir finden sie auf der Himmelsscheibe von Nebra wieder. Sie heiratete übrigens Sisyphos.) Tempel machte in Arcetri weitere Entdeckungen: sechs Planetoiden, etwa 60 Nebelflecke und 20 Kometen. Seinen Nachruf schrieb übrigens der weltberühmte italienische Astronom Giovanni Virginio Schiaparelli, der einst glaubte, Kanäle auf dem Mars gefunden zu haben und in den 1890ern eine Marsbegeisterung auslöste, die zu Romanen über Invasionen von Aliens anregten. Das sind jetzt viele „übrigens" – aber sie zeigen, wie vernetzt jener Astronom war, den Nietzsche im November zusammen mit Paul Lanzky in Arcetri besuchte. Er schreibt in einem Brief vom 24.11.1885 an ein befreundetes Ehepaar: *In Florenz überraschte ich den dortigen Astronomen auf seiner Sternwarte, welche den schönsten Gesammt-Überblick über Ort, Thal und Fluß giebt. Sollte man's glauben, daß er neben seinem Arbeitstische die sehr zerlesenen Schriften Eures Freundes hatte und daß er, ein schneeweißer alter Mann, mit Begeisterung Stellen aus „Menschliches, Allzumenschliches" recitirte?*

Nietzsche freute sich also, fühlte sich geehrt und bestätigt, sah seine Eigenliebe befriedigt. Und doch: Was er weiter schreibt, ist eher selten bei ihm - nämlich demütig: *Das Bild dieses vollkommen und hochgearteten Eremithenthums war das kostbarste Geschenk, das ich von Florenz mitnahm: - zugleich freilich auch der schmerzhafteste Biß, nämlich ein Gewissensbiß. Denn ersichtlich hatte dieser einsame Forscher es in der Weisheit des Lebens (und nicht nur in der Entdeckung von Kometen und Orion-Nebeln) weiter gebracht, als Euer Freund.*

Das ist ein meines Wissens einzigartiges Geständnis, zumal Nietzsche später in *Ecce Homo* solche Demut wieder fallen lässt. Dort klopft er sich fortwährend auf die Schulter und weiß, warum er so klug

Unter Beschuss: Der nach Ernst Wilhelm Leberecht Tempel benannte Komet Tempel-1 2005

ist und so gut schreibt und ein ganz Großer ist. Hier aber sind es die Sterne, und deren Abgeordneter, vor denen er seine eigene Kleinheit fühlt. Und eben die Kometen, für die er sich schon zuvor interessiert hatte. 1872 lieh er sich ein gewichtiges Werk über *Die Natur der Cometen* aus, das der Leipziger Astrophysiker Karl Friedrich Zöllner geschrieben hatte. Er fand darin *erstaunlich viel für uns*, wie er an einen Freund vermeldet. Eine Theorie der *himmlischen Vagabunden*, das spiegelt ein wenig sein späteres Lebenswerk vor, als er selbst ein philosophischer Nomade geworden war. Zöllner beschäftigte sich später mit der Vierten Dimension und wurde dabei in Séancen von Scharlatanen über den Tisch gezogen. 1880/81 gehörte derselbe Zöllner zu den Initiatoren einer Petition gegen die Gleichstellung der Juden, die von Nietzsches künftigem Schwager Bernhard Förster ausging. Dies war ganz gegen Nietzsches Einstellungen. Vorerst aber Kometen und Sterne, und eine Kometin, mit der es jedoch nicht gut laufen sollte.

Im *Zarathustra* finden wir eines der beliebtesten Zitate Nietzsches: *Man muss noch Chaos in sich haben, um einen tanzenden Stern gebären zu können.* Der Prophet sieht jedoch die Zeit voraus, in der die verächtlich gewordenen Menschen keinen Stern mehr gebären können. Dann bricht die Zeit des *letzten Menschen* an. Der hat seinen kosmischen Maßstab verloren.

Schreibkugeleien. Wie Nietzsche es mit der Schreibmaschine versuchte

Wenn es viel zu schreiben gibt, das Schreiben per Hand schwerfällt und die Lesbarkeit erhöht werden muss, denkt der Mensch daran, sich eine Schreibmaschine zu bauen. Anfänge gab es im 18. Jahrhundert. 1711 soll der Engländer James Ranson ein solches Gerät gebaut haben, Modelle davon sind aber nicht auf uns gekommen. Auch der Erfinder des Laufrads, Karl Drais baute ein „Schreibclavier" für den erblindenden Vater, mit dem Buchstaben durch Punkte geprägt wurden. 1830 soll er die Maschine dem Kronprinzen von Brasilien vorgeführt haben - dem späteren Kaiser Dom Pedro II. Wenn dem so ist, so wird Nietzsche diesen ja in Rosenlaui einmal antreffen (siehe *Der Detektiv und der Philosoph*). Aber erst William Austin Burt, ein Postmeister, Schmied, Richter und Landvermesser konstruierte 1830 in der Einsamkeit der Weiten von Michigan eine erste Schreibmaschine, die auch nachgebaut werden konnte.

Europa zog nach mit eigenen Maschinenentwürfen. 1835 wurde Rasmus Hans Johan Malling in Dänemark geboren. Als er vier Jahre alt war, starb sein Vater - ähnlich wie bei Nietzsche. Rasmus war - im Gegensatz zu Nietzsche - sehr an Mathematik interessiert, wurde aber zunächst Lehrling bei einem Malermeister und studierte später Theologie. Wie sein Vater arbeitete er als Lehrer, und zwar an einer Schule für Taubstumme. 1864 ging er nach Kopenhagen und wurde nach dem Ende seines Studiums Direktor des Königlichen Taubstummen-Instituts.

Im Umgang mit den Taubstummen stellte er fest, dass diese mit ihren zehn Fingern blitzschnell kommunizieren konnten, nämlich etwa zwölf Zeichen pro Sekunde! Handschriftlich schafft man gerade einmal vier. Also musste man eine Maschine bauen, die sämtliche Finger in Tätigkeit setzte. So bemalte der Pastor eine Porzellankugel mit Buchstaben und ordnete sie nach Häufigkeit an. Insgesamt reichte er dann acht Patentanträge ein und stellte seine igelförmige Maschine, die zur Serie gereift war, erstmals in Paris 1878 aus. Sogleich gingen zehn Exemplare an einen Kunden aus Südamerika. Hansen-Malling schaffte selbst 800 Anschläge pro Minute, sein Assistent 900. Ein Ziel der Apparatur war, dass die Stenografie in Parlamentssitzungen ersetzt werden sollte und überhaupt Büroarbeit zuverlässiger und lesbarer würde. Vor allem sollten auch Sehschwache in die Lage versetzt werden, Typoskripte zu erstellen. Bis zu seinem Tod 1890 verkaufte er allerdings weniger als 200 Schreibkugeln. Man hat versucht sie nachzubauen, doch keine Kopie funktionierte so gut wie das Original.

Zu den Sehschwachen, die sich eine solche Maschine wünschten, gehörte als einer der ersten Friedrich Nietzsche. Das Schreiben per Hand war ihm schon lange eine Last. Wegen seiner Kurzsichtigkeit führte das zu einer stark gebeugten Haltung. Oft konnte er die eigene Schrift nicht mehr entziffern: *Ja, die Barbarei meiner Handschrift, die niemand mehr lesen kann, ich auch nicht!* Umso mehr muss man das Entzifferungsprojekt bewundern, dass die Italiener Colli und Montinari ein Jahrhundert später an Nietzsches Handschriften durchführten und aus dem die *Kritische Gesamtausgabe* hervorging! Das Lesen überhaupt war Nietzsche ja sehr schwer geworden: *Wozu habe ich halbblindes Thier noch Bücher!* Im Dezember

1881 phantasierte er in einem Brief nach Naumburg daher schon über eine Vorlesemaschine: Das wäre eine schöne Erfindung, die ihm den Vorlesenden ersparen würde, denn *jeder Vorlese-Mensch ist eine Störung für ein denkendes und sensibles Thier, wie ich bin.*

Wohl seit 1879 bewegt ihn der Gedanke an eine Schreibmaschine, sie scheint ihm geradezu unentbehrlich. Anscheinend hat er sich schon umgeschaut, denn die amerikanische Remington will er nicht, sie sei ihm zu schwer (12 kg) und so ein Apparat solle schnell und transportabel sein wie er selbst. Seine Schwester hat sich in Zürich und Leipzig bei den Modellen umgeschaut und eine dänische Schreibkugel (3 kg) arbeiten sehen. Nietzsche braucht keinen PC, sondern ein Notebook, etwas Portables, das seinem Nomadismus entspricht. Mit dem Erfinder Hansen-Malling wechselt er Briefe. Der Pastor hat ihm Textproben, Abbildungen und Bewertungen von Kopenhagener Professoren geschickt. Und die muss es sein!

Nietzsches Skrivekugle

Er will sie kaufen, aber sie würde das Doppelte seiner monatlichen Basler Pension kosten, um die 400 Mark. Die Schwester springt ein und schenkt sie ihm mit der Mutter zu Weihnachten 1881. Der Freund Paul Rée bringt die Maschine Anfang Februar nach Genua, doch ist sie da schon vom Transport beschädigt. Nach einer Woche Reparatur durch einen Mechaniker aus Genua kommt sie wieder in seine Wohnung und er meldet per Postkarte ein Hurra an die Schwester. Der Schreibigel wird immer mal wieder einen Schaden haben und von demselben Mechaniker oder einem befreundeten Arzt repariert.

Insgesamt wird er 16 Briefe mit ihr schreiben, dazu ein Konvolut von 34 Seiten mit dem Titel *500 AUFSCHRIFTEN/AUF TISCH UND WAND/FUER NARRN/VON NARRENHAND*, mit Gedichten, Sprüchen und Entwürfen. Damit beginnt Nietzsche selbst einen Kult, der sich später um ihn und seine Aussprüche entwickeln wird: Graffitis mit Nietzsche-Zitaten in U-Bahn-Tunneln, auf Hauswänden und T-Shirts (*Nietzsche: Gott ist tot. Gott: Nietzsche ist tot.*) Dass er damit zu einem medialen Pionier wurde, sprach sich damals schon herum. Das *Berliner Tageblatt* berichtete im März 1882: *Der bekannte Philosoph und Schriftsteller Friedrich Nietsche* [sic!], *den sein Augenleiden vor drei Jahren nöthigte, seine Professur in Basel niederzulegen, weilt augenblicklich in Genua und befindet sich, abgesehen von seinem Uebel, das sich einer völligen Erblindung genähert hat, besser als früher. Mit Hülfe einer Schreibmaschine ist er wiederum schriftstellerisch thätig, und ein neues Buch in der Weise seiner letzten Werke ist somit zu erwarten.* Nietzsche war von diesem Interesse erheitert.

Die Texte, die er mit der Kugel geschrieben hat, haben in der Tat einen bleibenden Wert für die Mediengeschichte, da er sich auch mit der Maschinisierung des Denkens beschäftigt hat. *Unser Schreibzeug arbeitet mit an unseren Gedanken,* wie er in einem Brief im Februar 1882 seinem Freund Johann Heinrich Köselitz (1854–1918) mitteilt. Damit nimmt er die Thesen eines Marshall McLuhan vorweg, der 1964 das Bonmot von *the medium is the message,* das Medium ist die Botschaft, prägte. Und nicht ohne Grund hat der Medientheoretiker Friedrich Kittler später Nietzsche als *Denker der Mediengründerzeit* bezeichnet.

Gleich nach der ersten Reparatur tippt er einige Sprüche in die Maschine, die eine unverschämte Freude an der Tastatur verraten, die übrigens nur Großbuchstaben in Antiqua schreiben kann:

GLATTES EIS EIN PARADEIS
FUER DEN DER GUT ZU TANZEN WEISS.

WILLST DU NCHT AUG UND SINN ERMATTEN
LAUF AUCH DEM LICHTE NACH IM SCHATTEN

NICHT ZU FREIGEBIG! NUR HUNDE
SCHEISSEN ZU JEDER STUNDE.

In jedem dieser Verse kann man Bezüge zum Maschinenschreiben entdecken: der Fingerrhythmus möge ein Tanz sein wie auf Eis; entdecke die Buchstaben und „überschreibe" dich nicht! Köselitz rühmt die Reime und Nietzsche ist angetan davon, dass die Maschine ihm diese erleichtert.

Aber ganz leicht ist das Schreibspiel dennoch nicht. Immer wieder fallen Buchstaben aus oder herunter, das Farbband klemmt oder die Mechanik holpert. Er würde so gern und schnell blindschreiben können, doch die Fehler würden sich häufen. So werden die maschinegeschriebenen Briefe zu Übungen, die keinen Umlaut kennen, also zu einer *FINGERUEBUNG* (März 1882 an Overbeck). Der Schwester und Mutter schreibt er, dass die *Schreibmaschine* [...] *zunaechst angreifender als irgendwelches Schreiben* [ist]. Schließlich muss er alle Text in Nahsicht mit Hand noch einmal korrigieren oder ergänzen - das ist fast mühsamer, als einen ganzen Brief per Hand zu schreiben.

Der mechanisch gebildete Autor Dieter Eberwein konnte anhand des Farbbandes und der Reparaturen recht genau erhellen, wie schnell Nietzsche mit der „Skrivekugle" geschrieben haben muss (100 Anschläge/min), wie stark die Anschläge waren (relativ schwach) und wieviel er am Tag an Briefen geschrieben hat (ca. 15 min). Das konnte er tun, weil er die Original-Kugel von Nietzsche in allen Details studiert und im Übrigen wieder zum Schreiben gebracht hat - eine enorme Leistung, zumal sie am Ende des Zweiten Weltkriegs im Weimarer Archiv beschlagnahmt, verpackt und ausgelagert wurde, was nicht ohne Beschädigungen abging. Das Farbband, welches er vorfand, war noch das von Nietzsche. Für Nietzsche war das Schreibgerät auch eine Art „Junggesellenmaschine". Zunächst ein Haustier: *Diese Maschine ist delicat wie ein kleiner Hund und macht viel Noth - und einige Unterhaltung.* Nun brauche er noch eine Vorlesemaschine oder besser noch einen jungen Menschen in der Nähe zum Arbeiten - *Selbst eine zweijährige Ehe würde ich zu diesem Zwecke eingehen* (an Overbeck, 17.3.1882). Die Maschine als Ehe-Ersatz - die Ehe als Ersatz für eine Maschine! Zumal er sich selbst auch als Maschine sehen konnte: er weiß, dass er ein höchst gefährliches Leben führt, *denn ich gehöre zu den Maschinen, welche zerspringen können!* (an Köselitz, 14.8.1881).

Dann eine Abfolge des Scheiterns. Am 21. März 1882 heißt es: *Die Schreibmaschine will nicht mehr, es ist gerade die Stelle des geflickten Bandes.* Und endet den Brief in Handschrift. Am 23. März: *Die Schreibmaschi-*

ne verweigert seit vorgestern den Dienst; ganz rätselhaft! Alles ist in Ordnung! Aber kein Buchstabe ist zu erkennen. – Mehrere böse Tage! Ach die verfluchte Wolkenelektrizität! Am 24. März 1882 dann, also ca. sechs Wochen nach Erhalt der Maschine, gibt er das technische Experiment auf. Sie scheitert, wie der Denker selbst, am Wetter: *Das verfluchte Schreiben! Aber die Schreibmaschine ist seit meiner letzten Karte unbrauchbar: das Wetter ist nämlich trüb und wolkig, also feucht: da ist jedesmal der Farbenstreifen auch feucht und klebrig, so daß jeder Buchstabe hängen bleibt, und die Schrift gar nicht zu sehen ist. Überhaupt!!*–. Das Junggesellenexperiment ist in jeder Hinsicht gescheitert. Nietzsche stellte ein Jahr darauf beide, die Frau und das Schreibgerät, noch einmal in eine Linie. Am 27.4.1883 schrieb er an seine Schwester: *Was die Schreibmaschine betrifft, so hat sie ihren ‚Knacks' weg: wie Alles, was charakterschwache Menschen eine Zeitlang in den Händen haben, seien dies nun Maschinen, Probleme oder Lou's. Aber mein hiesiger Arzt, ein Basler, der mich hier [in Genua] von einer Malariahaften influenza kurirt hat, macht sich ein Vergnügen daraus, sie bei sich zu haben und zu ‚kuriren'; und wirklich, er zeigte mir neulich einen Vers, den er mit ihr zuwege gebracht hatte und der anfieng: „Schreibkugel ist ein Ding gleich mir von Eisen".*

Es ist nun gesichert, dass das Gedicht als Ganzes jedoch von Nietzsche stammt. Und so endet es:

UND DOCH LEICHT ZU VERDREHN ZUMAL
AUF REISEN:
GEDULD UND TAKT MUSS REICHLICH
MAN BESITZEN
UND FEINE FINGERCHEN, UNS ZU BENUETZEN.

Ich schreibe wie ein Schwein, verkündet er 1883 in einem Brief. Es geht zurück zu den Stahlfedern, die ihm beim Schreiben helfen sollen, den Tintenfluss aufrechtzuerhalten, ob es *Sönnecke's Rundschriftfeder Nr. 5* ist oder die *Humboldfeder Roeder's B, Nr 15.* Was immer dem Schreiben dient, Naumburg, Mutter und Schwester müssen es unbedingt besorgen! Es hätte Nietzsche sicher interessiert, dass der von ihm bewunderte Mark Twain schon 1874 versuchte mit einer Remington zu schreiben – nach dem Ende des Amerikanischen Bürgerkriegs verlegte sich die Waffenfirma auf diese neue Produktlinie. Auch sie war oft beschädigt und Twain wollte nicht mehr darauf schreiben, weil sie ihn nur noch dazu drängte, Flüche zu tippen. Aber er war immerhin der erste, der 1883 das erste maschinengeschriebene Buch veröffentlichte: *Life on the Mississippi*. Allerdings hatte er es diktiert. Darin war der erfolgreiche Autor also weiter als unser Philosoph, der sich nur Vorleser leisten konnte.

Zum Schluss noch eine wahre Geschichte, die an Unwahrheit grenzt, ähnlich wie Freudsche Versprecher. Nietzsche und Freud ist ein breites Thema. Freud kannte Nietzsches Gedankenwelt, aber er vermied wohl eine nähere Beschäftigung, weil er fühlte, dass Nietzsche schon allzu vieles seiner eigenen Theorien vorweggenommen hatte: Verdrängung, das Unbewusste im Konflikt mit dem Ich, die Rolle des Über-Ichs, der Sexualität, die Scheinheiligkeit der bürgerlichen Werte usw. Aber Nietzsche hatte Freud gelesen, wenn auch in indirekter Form, nämlich als Übersetzer von John Stuart Mills Essay *Über Frauenemancipation.* Und wusste im Jahr 1882 natürlich noch nichts von weiteren Entwicklungen. Aber prophetisch, wie er manchmal war, leistete er sich einen Freudschen Verschreiber. Bei einem Tippversuch schrieb er statt „Freund" Folgendes:

LEG ICH MICH AUS SO LEG ICH MICH HINEIN
SO MOEG EIN FREUD MEIN INTERPRETE SEIN

Die Bänke. Der Versuch, Tautenburg mit Nietzsche zu verschönern

Auch im fernen Tautenburg bei Jena hatte es sich herumgesprochen, dass der Pfortenser Schüler Nietzsche einer der jüngsten Professoren im deutschsprachigen Raum geworden war, ein Altphilologe an der Universität von Basel! Inzwischen hatte er aber aus Krankheitsgründen die Professur aufgegeben und war ein freier Autor geworden, der sich zumeist im Süden aufhielt und nur noch sporadisch die Familie in Naumburg oder Freunde, Lehrer und Verleger in Leipzig besuchte. Der Aufenthalt im Wald bei Dornburg sollte eine Ausnahme darstellen, die jedoch zu ungeahnten Turbulenzen führte.

Der Pfarrer von Tautenburg, Hermann Otto Stölten (1847–1928), ein gebürtiger Schleswig-Holsteiner, erfuhr von den Plänen Nietzsches, die Sommerfrische in seinem idyllisch gelegenen Dorf, nicht weit von den Dornburger Schlössern, in denen auch Goethe manchmal verweilt hatte, zu verbringen. Goethe hatte sich hier unter anderem naturwissenschaftlichen Studien gewidmet, aber der Ort diente ihm auch als Zuflucht, nachdem sein Freund und Mäzen, Großherzog Carl August, gestorben war. Er wollte nicht bei seiner Beerdigung dabei sein, weil diese ihn zu sehr mitnehmen würde. Warum aber Nietzsche nach Tautenburg wollte? Seine Mutter und Schwester kannten den Pfarrer von früheren Besuchen. Sie erhofften sich wohl, dass dieser den zunehmend anti-christlichen Sohn wieder auf den Pfad christlicher Tugend führen würde. Der Pfarrer seinerseits war bemüht, aus Tautenburg eine Sommerfrische für Städter zu machen, und darin nicht erfolglos. So beherbergte er etwa Georg Bötticher, Vater von Joachim Ringelnatz, den Stölten sogar taufen sollte. Am 25. Juni 1882, an dem Tag, als Nietzsche sich hier für zwei Monate niederließ, besuchte auch Franz Liszt das beschauliche Dorf inmitten von Wäldern. Nietzsche wohnte in einem kleinen Zimmer bei dem Gärtner Albert Hahnemann. Einer Anekdote nach – ob wahr oder nicht – störte Nietzsche das Krähen des Hahnes am frühen Morgen. Da soll er von seinem Gastgeber gefordert haben: *Herr Hahnemann, der Hahn muss weg!* Und dieser habe sein Tier sogleich geschlachtet. Ich denke indes, der Namensanklang ist hier der Autor dieser „wahren Geschichte"; zumindest der Schluss erscheint unglaubwürdig. Der Pfarrer brachte dem kränkelnden Philosophen zwar Selterswasser, aber an eine Konversion des Atheisten war nicht zu denken. Stölten sah hier keinen Spielraum. Er hielt Nietzsche für *einen geistvollen Mann mit einem so reichen Gemüt, dass man es kaum begreift, wie er in seinen Schriften immer nur Gift spritzt.*

Der Pfarrer hatte für Tautenburg einen Verschönerungsverein gegründet und es kam ihm die Idee, dem Philosophen eine Freude zu machen: es sollten zwei Bänke zu seinen Ehren aufgestellt werden und er könnte sie mit Schildern versehen lassen. Nietzsche schlug folgende Aufschriften dafür vor: *Dem todten Mann F. N.* und *Die fröhliche Wissenschaft F. N.* So schrieb er seiner Mutter: *Der Verschönerungsverein hat mir hier zwei neue Bänke in den Theilen des Waldes aufstellen lassen, wo ich gern alleine spazieren gehe. Ich habe versprochen, zwei Täfelchen daran anbringen zu lassen. Willst Du die Güte haben und dies besorgen?* Es folgen genauere Anweisungen. Insgesamt aber gilt: *Es muss etwas Feines und Hübsches sein, das mir Ehre macht.*

Hinter den Aufschriften steckte der ironische Anspielungskobold des Philosophen. Der *Todte Mann* war der Name eines Waldstücks, an dessen Rand er wohnte; *die fröhliche Wissenschaft* das Werk, das er soeben abgeschlossen hatte - in Tautenburg wollte er es überarbeiten. Zwei Pole also, die seine Person beschreiben: den an Kopfschmerzen, Augenproblemen, Übelkeiten und Anfällen leidenden Mann und den Wanderer und Freidenker, der Fröhlichkeit für sich und die Wissenschaft fordert, und damit endgültig der akademischen Welt seine Gefolgschaft aufkündigt, nachdem er 1869 von der Basler Universität seiner Lehrtätigkeit entbunden worden war und mit einem Ruhegehalt weiterleben konnte. Die Aufschriften zeigen weiterhin einen Nietzsche, der im Lokalen wurzeln wollte, gar in der angestammten Heimat, indem er einem Waldstück die Ehre erwies. Gleichzeitig aber ist das Buch voller Signale des Südens, den er in den letzten Jahren erkundet hatte, auch insofern, als sich der Titel *Die fröhliche Wissenschaft* auf die muntere Liebes- und Streitlyrik der provenzalischen Trobadore bezieht.

Sommerfrische 1919

Am ersten Tag in Tautenburg schreibt er, wie entzückt er von dieser Sommerfrische sei, wie von einem *Geschenk des Schicksals* überrascht: *Für meine Augen und meine einsamen Neigungen ist hier das Paradies; ich verstehe den Wink, dass die Zeit meiner Südländerei vorüber ist.* Nun, sie wird nicht vorbei sein – im Gegenteil: Seine Südländerei wird noch intensiver werden mit Aufenthalten im Engadin (Sils-Maria), in Ligurien (Genua) oder Nizza und Turin. Und die Ehre, die er einforderte? Die galt in dieser Zeit vor allem einer Frau, vor der er renommieren wollte. Es war die Frau seiner Träume: Lou Salomé (Louise von Salomé), später nach ihrer Heirat Lou Andreas-Salomé. Die Einundzwanzigjährige kam aus St. Petersburg, hatte eine deutsche Mutter und einem französischstämmigen Vater, der es sehr weit im russischen Militär gebracht hatte. Sie war ungemein neugierig, weltoffen, gewitzt, tiefsinnig, freigeistig – in manchem Nietzsche ähnlich, aber viel offener und freizügiger als der doch oft gehemmte Philosoph, dem es im Laufe seines Lebens vielleicht gelang, sich geistig zu befreien, aber der in seinem Verhalten eine gewisse Steifheit und Formalität nicht abzulegen vermochte. Lou kam aus dem Umfeld der idealistischen Frauenrechtlerin Malwida von Meysenbug, und nachdem Nietzsche sich mit ihr im Petersdom getroffen hatte, was dem Philosophen ja wie ein Schicksalswink erschienen war, verabredete man eine gemeinsame Zeit in Tautenburg – natürlich nicht ohne Nietzsches Schwester, die als Anstandsdame dabei sein sollte. Elisabeth und Lou kamen aus Bayreuth von den Festspielen, während Nietzsche sie in Tautenburg aufgeregt erwartete. Doch es war zwischen den beiden Frauen schon zu Streitereien gekommen. Elisabeth warnte bereits die Mutter in Naumburg vor diesem weiblichen Monstrum, das sich erdreistete, zu flirten oder das berüchtigte Foto der Frau mit der Peitsche in einem Wägelchen, das von zwei Männern, nämlich Nietzsche und Paul Rée gezogen wurde, in Bayreuth herumzuzeigen. Der Streit spitzte sich in Tautenburg zu, es kam schließlich zu unschönen Szenen, bösen Briefen und dem Bruch der Beziehung zwischen Nietzsche und Lou. Da nützten auch die zwei Bänke nichts, aber in gewisser Weise spiegeln sie in ihren widersprüchlichen Täfelchen die Situation wider, ja geben ein Bild von Nietzsche, wie er zerrissen wird zwischen Tod und Fröhlichkeit. Übrigens wurde das Täfelchen mit dem Titel *Die fröhliche Wissenschaft* dem Oberförster gegeben, auf dass er es anbringe. Der jedoch fand solche Aufschrift unangemessen für eine Bank: Es klang ihm wahrscheinlich wie *Die fröhliche Wirtschaft* oder anderer Frohsinn, und er gab das Schild dem Pfarrer zurück. Es hing dann jahrelang in der Studierstube desselben und hat ihn vielleicht immer an Nietzsches denkwürdigen Aufenthalt erinnert, aber sicherlich nicht zu einem Nietzscheaner gemacht. Später gab er es dem Verschönerungsverein mit der Bitte, es an einer Dorflinde anzubringen. Heute kann man die Bänke mit den beiden Täfelchen auf verträumten Waldwegen entdecken.

Nicht nur dank Nietzsche und den Aktivitäten Stöltens wurde Tautenburg zu einem Anziehungspunkt für Intellektuelle und Künstler. Der Jenaer Verleger Eugen Diederichs hielt sich öfter in Tautenburg auf. Am nahegelegenen „Serastein" auf der Hohen Lehde feierte er zusammen mit Wandervögeln und Lebensreformern den Kosmos und den Übermenschen mit Sonnenwendfeuern und Volkstänzen. 1920 wurde eine Tafel angebracht: *In unserem Spiele brach der Krieg. Ihr edelsten seid hingemäht als Opfer. Wem? Wir wissen's nicht. Der Kranz des Fests*

Bankreime heute

mit Kränzen, nicht des Siegs vertauscht. Freunde im Grab, ihr seid Statthalter unseres Todes. Statthalter eurer Kraft sind wir im Licht geblieben, und euer Wille wird in unserem Bauwerk sein.

1912 besuchte der Nietzscheaner und Begründer des expressionistischen Theaters Reinhard Johannes Sorge (1892–1916) das Dorf. Danach mutierte er zum christlichen Propagandisten. In Tautenburg hielt er *Gericht über Zarathustra*, wie er seine neue Vision bezeichnete.

Gegen Ende des Zweiten Weltkriegs flüchtete die große Historikerin und Romanautorin Ricarda Huch aus Jena nach Tautenburg und wohnte mit ihrer Begleitung eine Zeitlang bei einem Bauern. Etwa zur selben Zeit tauchte ein 18-jähriger, junger Soldat namens James Krüss in Tautenburg auf. Nicht wegen Nietzsche, sondern weil er aus Helgoland stammte. Der spätere Kinderbuchautor (*Timm Thaler*) hatte gehört, dass der ehemalige Inselpfarrer Helgolands in dem thüringischen Nest wohnte. Und Krüss lernte hier weitere Helgoländer kennen. Eine Woche hier half ihm, sich den Wirren des Krieges zu entziehen – sein Lachen hat er jedenfalls in Tautenburg nicht verkauft.

Tautenburg II: Nietzsche lehrt Stil

Bleiben wir noch ein wenig in diesem beschaulichen Dorf. Nietzsche machte stundenlange Spaziergänge mit Lou, während die Schwester schmollte. Oft schob er Lou Zettel unter die Tür hindurch, so am 25. August (Datum seines Todes 18 Jahre später): *Zu Bett Heftigster Anfall Ich verachte das Leben FN.* Der Pfarrer bekam einiges davon mit, doch führte dies nicht zu einem *geistigen Verkehr* mit Nietzsche, *da die Ansichten zu verschieden waren*, schreibt Hermann Otto Stölten in seinen Erinnerungen. Es war also nichts mit dem günstigen Einfluss, den sich Elisabeth und Nietzsches Mutter gewünscht hatten. Nietzsche käme *fast täglich*, schreibt Stölten weiter, *auf die Pfarrei, meistens am Abend, um mit der Russin zu arbeiten oder sich mit ihr zu unterhalten. Oft musste meine Frau noch spät abends für eine Tasse starken Kaffees sorgen. So liebenswürdig Nietzsche zu sein pflegte, so anmaßend war die Russin. Diese hinterließ bei ihrer Abreise zu unserem Erstaunen eine Schnapsflasche, er ein Blechschild mit der Inschrift „Fröhliche Wissenschaft".* Ja, bei solchen Hinterlassenschaften stellt sich der brave Bürger ein lustiges Geschehen vor, im Wirtshaus zum Freien Geiste … Lou schreibt in ihrem Tagebuch dieser Zeit über die Umwandlung des religiösen Triebs in den Freigeist, also bei sich selbst und Nietzsche, als einen *Drang der Selbsthingabe* auf ein großes Ziel hin. Auf dieser Ebene also verstanden sich die beiden und das geistige Feuer brannte in diesen Tagen. *Wir sprechen uns diese 3 Wochen förmlich todt, und sonderbarer Weise hält er es jetzt plötzlich aus, circa 10 Stunden täglich zu verplaudern. … Wir haben stets die Gemsenstiege gewählt und wenn uns Jemand zugehört hätte, er würde geglaubt haben, zwei Teufel unterhielten sich.* Man sprach etwa über Sadomasochismus und Bisexualität: *Als ich zum ersten Mal im Leben mit jemandem dies Thema besprach, war es Nietzsche (dieser Sadomasochist an sich selber). Und ich weiß, dass wir hinterher nicht wagten, uns anzusehn,* schreibt die spätere Psychoanalytikerin. Sigmund Freud sollte ihr Lehrer werden. Nietzsche, notierte sie in ihrem Tautenburger Tagebuch am 18. August 1882, rückte von dem Plan ab, ihr Lehrer zu sein; sie müsse gänzlich unabhängig suchen und *schaffend lernen*. Am 21. August dagegen glaubt sie, er wolle die Menschen nicht belehren, sondern bekehren, er wolle *den ganzen Menschen überzeugen*. Doch er hatte immer wieder davon geträumt, sie als seine Schülerin zu haben, daran kann kein Zweifel bestehen. Auf einem der erwähnten Zettel, die er unter der Tür durchschob, notiert er eine Stillehre. Man kann sie bis heute Journalisten oder kreativ Schreibenden, Vortragsrednern und Berichterstattern empfehlen.

Da Nietzsche den ganzen Menschen überzeugen will, muss er seinen Stil lebendig halten:

Erste Regel: *Das Erste, was noth tut, ist Leben: der Stil soll leben.* Und weiter: Die Rede, die Schrift solle sich an eine bestimmte Person richten und dieser Beziehung angemessen sein. Schreiben solle eine Nachahmung des Sprechens sein, denn hier entspringe das Lebendige. Das Geschriebene sei nur Abbild des Sprechens, also muss es besonders ausdrucksstark sein. Das heiße nichts anderes, als Gebärden zu übersetzen, in Länge und Kürze der Sätze, in Punkt, Komma, Semikolon, Pausen und Wortwahl, in die Reihenfolge der Argumente. Der Stil lebe nur, wenn man an seine Gedanken glaube und sie empfinde.

Paul, der Erste, Rée (1849–1901)

Je abstrakter die Wahrheit sei, die man lehren wolle, um so mehr müsse man erst die *Sinne* zu ihr verführen. Man solle dicht an die Poesie herangehen, aber nicht zu ihr überlaufen. Man solle dem Leser nicht alles mitteilen, sondern ihm Raum für eigenes Denken geben. *Einen guten Morgen, meine liebe Lou!*

Die Geschichte mit Lou ging bekanntlich nicht gut aus. Nietzsche hatte ihr zweimal die Heirat angeboten, sie lehnte ab. Die Dreierbeziehung mit ihr und Paul Rée zerbrach. Nietzsches Schwester und Mutter waren empört über Lou, alles war vergiftet, und Nietzsche ließ sich in diesen Streit hineinziehen. Später wiederholte er jedoch hin und wieder, wie sehr ihm diese Frau nahegestanden hatte und geistig ebenbürtig war.

Lou Andreas-Salomé, wie sie nach ihrer Heirat hieß, sollte mit Rilke durch Russland reisen und bei Freud in die Schule gehen, um schließlich selbst

Psychoanalytikerin in Göttingen zu werden. Als sie 1937 starb, konfiszierte die Gestapo ihre Bibliothek: Sie sei Psychoanalytikerin gewesen, habe also eine „jüdische Wissenschaft" vertreten. Dass sie auch mit dem von den Nazis vergötterten Denker befreundet gewesen war, ignorierten die Polizisten. In ihrem Roman *Im Kampf um Gott* (1885) geht es um die Frage: wie kann man ohne Gott leben - eine Frage, die sie mit Nietzsche verband. 1894 veröffentlichte sie eine der ersten Studien zu Nietzsche: *Friedrich Nietzsche in seinen Werken*. Darin finden sich auch Erinnerungen an Tautenburg. So kommt ihr ein Ausspruch Nietzsches wieder in den Sinn:

Einer alten, wetterfesten Burg gleiche ich, die viele versteckte Keller und Unterkeller hat; in meine eignen verborgensten Dunkelgänge bin ich noch nicht ganz hinabgekrochen, in meine unterirdischen Kammern bin ich noch nicht gekommen. Sollte mit ihnen nicht alles unterbaut sein? sollte ich nicht aus meiner Tiefe zu allen Oberflächen der Erde hinaufklettern können? sollten wir nicht auf jedem Dunkelgang zu uns selbst wiederkehren?

Die Natur ist stillos, der Mensch ein Labyrinth.

Das mit der Peitsche

Das vielleicht bekannteste Nietzsche-Zitat - neben „Gott ist tot" -, beliebt vor allem bei den alten Herrschaften, ist das mit der Peitsche: *Wenn du zum Weibe gehst, vergiß die Peitsche nicht.* Hier scheint sich die ganze Frauenfeindlichkeit des Philosophen auf einen Gegenstand hin zu konzentrieren. Es stammt aus *Zarathustra I,* dem Kapitel *Von alten und jungen Weiblein.* Dort verrät ein *altes Weiblein* Zarathustra ein Geheimnis, nachdem er über Frauen im Allgemeinen und vor allem misogyn, gepredigt hat: Das Weib sei rätselhaft, sie diene dem Mann zum Spielzeug, der sie aber auch fürchte. Der Mann sei böse, das Weib schlecht. Und dann dieses: *Das Glück des Mannes heißt: ich will. Das Glück des Weibes heißt: er will.* Das Weib sei oberflächlich, der Mann tief. Schlimmer geht's kaum. Das alte Weiblein lobt den Propheten zwar dafür, dass er richtig gesprochen habe, aber wohl nur deshalb, *weil beim Weibe kein Ding unmöglich ist.* Eher also ein Zufallstreffer, denn der Prophet kenne die Weiber wenig. Und was er sage, sei artig insbesondere für die, die jung genug dafür seien - also unerfahren. So gibt sie ihm ihren eigenen Rat, der da korrekt zitiert so lautet: *Du gehst zu Frauen? Vergiß die Peitsche nicht!*

Macht der Kontext und das genaue Zitieren diese Weisheit denn besser? Auf den ersten Blick keineswegs. Das alte Weiblein bestätigt doch nur das, was der Prophet verkündet hat: Die Frau solle dem Mann gehorchen. Doch wird die Geschichte komplizierter. Erstens ist dies kein Ausspruch von Nietzsche, auch wenn dieser oft Zarathustra als sein Sprachrohr nutzt. Es ist ja nicht einmal Zarathustra, der dies sagt, sondern eine Frau. Noch schlimmer also, möchte man meinen. Der Frau wird unterstellt, sie wolle das selbst so. Wer ist nun das alte Weiblein? Vorweg: Es gibt keine klare Antwort. Annäherungen aber sind denkbar. Da ist zum einen die englische Feministin Mary Wollstonecraft (1759–1797), die 1792 eine *Verteidigung der Rechte der Frau* schrieb, eines der bekanntesten Bücher des 19. Jahrhunderts. Am Ende ihres Traktats empfiehlt sie, zynisch gemeint, der Vater einer Tochter solle seinem künftigen Schwiegersohn eine russische Peitsche schenken. Aber ob Nietzsche das Buch kannte, ist fraglich. Vielleicht hatte er davon gehört, denn er hatte ja manchen Umgang mit emanzipierten Frauen. Er schätzte sie, denn sie waren ihm geistig gewachsen, aber er ließ auch immer wieder dumme Bemerkungen über sie fallen. Von ihnen könnte er über Wollstonecrafts Werk gehört haben. Sie war übrigens die Mutter der Schöpferin von *Frankenstein*: Mary Shelley.

Für das „alte Weiblein" gibt es aber noch eine andere Kandidatin: Nietzsches Schwester Elisabeth. In ihrem Buch *Friedrich Nietzsche und die Frauen seiner Zeit* (1935) schreibt sie über diese *etwas herbe Wahrheit*, die sie für schalkhaft und ergötzlich hält. Frauen, die in der großen Welt gelebt haben oder die die Frauen der Unterschichten kennen, würden sicherlich zustimmen. Die Peitsche sei natürlich nur ein Symbol der Herrschaft, nicht wörtlich zu nehmen. Sie diene dazu, die widerspenstigen Frauen *im Zaume zu halten*. Elisabeth nimmt hier übrigens die Seite des Mannes ein, der die Frau züchtigt. In der Kunst- und Philosophiegeschichte ging es oft umgekehrt, wie Ludger Lütkehaus gezeigt hat: Da sitzt die Frau mit der Peitsche auf dem Philosophen oder Künstler, der auf allen Vieren läuft – von Aristoteles mit seiner Phyllis angefangen - ein beliebtes Motiv, etwa bei Lucas von Leyden oder Oskar Kokoschka. Wedekinds Lulu gehört in diese Konstellation ebenso wie der Professor Unrat in Heinrich Manns gleichnamigen Roman. Elisabeth hat noch eine weitere literarische Quelle parat. Im Frühjahr 1882, also noch vor der Begegnung mit Lou Salomé, der sie sicherlich eine solche männliche Peitsche gewünscht hätte, will sie ihrem Bruder Turgenjews Novelle *Erste Liebe* vorgelesen haben. Darin geht es um einen jungen Mann, der Zeuge wird, wie sein Vater seine Geliebte mit einer Reitpeitsche schlägt und sie ihn trotzdem - oder deswegen - weiterhin liebt. Nietzsche soll diese Szene nicht ansprechend gefunden haben. Sie aber erklärte ihrem Bruder, dass es halt solche Frauen gebe, die der Mann zähmen müsse. Als er ihr ein Jahr später bei einem Treffen in Rom den ersten Teil des *Zarathustra* übergab, erkannte sie sich bei der Lektüre: *„Oh Fritz", rief ich erschrocken, „das alte Weibchen bin ich!"* Und weiter: *Mein Bruder lachte und sagte, das wolle er keinem Menschen verraten.* Elisabeth gesteht ihm zu, er habe in der Zwischenzeit etwas über Frauen gelernt, was einen solchen Rat rechtfertigen würde - gemeint ist natürlich die Episode mit Lou Salomé, die unter anderem durch die Intrigen der Schwester so übel endete. Denn die Peitsche hatte wieder einmal die Seite gewechselt.

Nun aber zu dem bekannten Foto vom Mai 1882, das auf Antreiben Nietzsches in Luzern in einem Fotoatelier aufgenommen wurde: Lou Salomé auf einem Wägelchen gestützt, die Peitsche mit zwei Fliederdolden in der einen Hand, in der anderen ein Seil, das die beiden Herren zügelt, die das Wägelchen ziehen sollen. Zwei Philosophen, vorne Paul Rée, der das Querholz nur berührt und in die Kamera schaut, daneben ein in die Ferne blickender

Das Foto mit der Peitsche

Nietzsche, der das Holz festhält. Und hinter dieser Aufstellung ein Panorama des Jungfrau-Massivs, das vom Atelier gestellt wurde. Der Karren dagegen scheint von einem Wagenmacher geliehen worden zu sein.

Dieses lebende Bild suggeriert die Macht der Frau über das Duo, vor einem romantischen Hintergrund, den Nietzsche schon aus geläufigen und beliebten Kunstwerken kannte, aus Byrons *Manfred* etwa und dessen musikalischer Fassung von Robert Schumann. Es ist auch die alpin-erhabene Welt der dramatischen Ereignisse um Shelleys *Frankenstein* oder später Sherlock Holmes und Prof. Moriarty (siehe *Der Detektiv und der Philosoph*). Kulturhistoriker sahen in dieser Szene auch Echos aus Platons Gleichnis der Vernunft, die die beiden Pferde des Willens und der Begierde lenken muss. Nietzsches Schwester war jedenfalls schockiert über das Foto, und als Lou selbiges später in Bayreuth herumzeigte, lief das Fass der Eifersucht und der Empörung über. Elisabeth war nicht die einzige, die wenig begeistert war von dieser Herumzeigerei. Resa von Schirnhofer aus dem Kreis um Malwida von Meysenbug, die Nietzsche 1884 in Nizza besuchte und mit ihm zu einem Stierkampf ging, äußerte sich ablehnend: *Nicht die Scherzidee an sich, jedoch deren Darstellung mißfiel mir geradezu anaesthetisch. Einen Nietzsche, wie diese Fotografie ihn äußerlich darstellte und dem Wesen nach mir suggerierte, habe ich nie kennen gelernt* (Chronik 523). Nietzsche war hier nicht mehr der Professor, der in die Schublade passte.

Später, 1905, verdrehte Elisabeth alles wieder, indem sie schrieb: *Mir zeigte mein Bruder das Bild mit herzlichem Lachen: „Sieh einmal", sagte er, „diese junge Dame bildet sich ein, klüger zu sein als ich und Rée zusammengenommen."* Da er es wohl selbst arrangiert hat, dürfte hier hinten und vorne nichts stimmen, denn Nietzsche sollte auch nach dem Streit mit Lou diese immer noch als Freigeist und Intellektuelle schätzen. Über das Foto wurde viel geredet und geschrieben, man wusste also, dass es existierte.

Tucholsky hatte es vielleicht sogar gesehen, möglicherweise auch Frank Wedekind. Doch erst nach dem Tod von Lou Andreas-Salomé 1937 erblickte es das sogenannte Licht der Öffentlichkeit.

Bleibt die Frage nach dem Zitat: Wer trägt die Peitsche? Sollte man das alte Weiblein auch so verstehen können: Wenn du zu Frauen gehst, vergiss nicht, dass sie eine Peitsche haben? Und dann noch dies: Im 19. Jahrhundert war das Codewort für eine der schlimmsten Krankheiten, die junge Männer befallen konnte, „die Peitsche". Vor der Eheschließung war es ratsam, sich auf die Peitsche untersuchen zu lassen: die Syphilis. Ob Nietzsche sie hatte oder nicht, ist bis heute nicht geklärt.

Schließlich ist da noch die Peitsche, die Nietzsches waches Bewusstseinsleben beendete: diejenige, mit der der Legende nach ein Kutscher in Turin sein Pferd malträtierte. Aber das ist eine andere Geschichte.

KEIN FRIEDRICHSHAIN IN LAMALAND: DAS KOLONIALE ABENTEUER DER SCHWESTER

Während der Corona-Epidemie wurde Paraguay zu einem Zufluchtsort von Querdenkern und Ungeimpften aus Deutschland – bis das Land Anfang 2022 einen Riegel vorschob. Irgendetwas hat die Deutschen immer wieder nach Paraguay – und Argentinien – gezogen, auch die Nazis nach dem Zweiten Weltkrieg. Weite Pampa, kaum besiedeltes Land. Niemand interessiert sich für deutsche Geschichte und Schuld? Im Jahre 1900 wurde die Stadt Hohenau im Süden des Landes von Deutschen gegründet, es gibt sie bis heute. Weiter nördlich gibt es gar ein *Neues Deutschland* oder auch *Neu-Germanien*: *Nueva Germania*. Dort leben um die 4.000 Einwohner, von denen 200 noch direkte Nachfahren deutscher Siedler sind. In der Nachkriegszeit soll sich der Auschwitz-Arzt Josef Mengele hier eine Zeitlang versteckt haben. Gegründet wurde die Kolonie 1886 von einem radikalen Antisemiten namens Bernhard Förster – ebenjenem, der mit einer nationalen Petition den Juden ihre gerade gewonnenen bürgerlichen Rechte nehmen wollte. Sein Ansinnen schrieben im Grunde die Nürnberger Gesetze ein halbes Jahrhundert später fest. Die Petition wurde Bismarck übergeben, doch der zeigte kein Interesse. Und damit war basta – fürs Erste.

Was hat das alles mit Nietzsche zu tun? Hier kommt wieder Schwester Elisabeth ins Spiel, sowie der Antisemitismus, der sich mit Richard Wagner und Bayreuth verbindet. Im Gegensatz zu Nietzsche, der sich mit dem Komponisten zerstritten hatte, hielt Elisabeth den Wagners die Treue. Bei den Bayreuther Festspielen lernte sie einen Lehrer aus Jena kennen: Bernhard Förster. Der fühlte sich bei pathetischen Klängen Wagnerscher Musik und in Wagners antisemitischem Umfeld pudelwohl. Die Verbindung von „germanischen" Bildern und christlichen Werten im Werk des Komponisten sagte ihm perfekt zu. Elisabeth war eigentlich nicht durch Antisemitismus aufgefallen – ursprünglich war er ihr sogar etwas *unangenehm*. Das änderte sich mit dem Liebesverhältnis, das sich zwischen ihr und ihrem Bernhard entspann. Bruder Friedrich lehnte Försters antisemitisches Gehabe von Anfang ab. Zur Hochzeit der beiden am 22. Mai 1885 – dem Geburtstag Wagners – reiste er nicht einmal an. Dafür schenkte er ihnen Dürers Stich *Ritter, Tod und Teufel*. Die Flitterwochen verbrachte das Paar übrigens im schönen Tautenburg, wo Jahre zuvor das selig-unselige Treffen mit Lou Salomé stattgefunden hatte. Da Förster in einen antisemitischen Skandal inklusive Schlägerei verwickelt war, musste er den Schuldienst quittieren. Die deutschen Kolonien boten einen Ausweg, als Raum und Sehnsuchtsorte für Abenteurer, Gescheiterte und Menschen in wirtschaftlicher Not. Förster aber verband seine kolonialen Ideen mit wagnerianischen Ideen. Wenn schon eine Siedlung, so sollte sie ein neues Germanien darstellen: arischreinrassig (was immer das sein sollte), vegetarisch und den Giften Tabak und Alkohol abhold. Er hatte Paraguay einmal bereist und schon ein Buch darüber geschrieben, in dem er das Land als ideales Kolonialgebiet für deutsche Auswanderer pries.

Für Elisabeth, die von diesem Idealismus begeistert war, war es keine leichte Entscheidung. Sie würde die Mutter in Naumburg alleine lassen müssen, aber auch den Bruder, um den sie sich oft liebevoll gekümmert hatte, denn er war allein nicht recht praktisch-lebensfähig. Fortwährend brauchte er Unterstützung: Würste oder Lebkuchen, Unterhemden und Hosen sowie jemand, der seinen Haushalt führen könnte, so wie sie es schon in Basel getan hatte. Oder jemanden zum Vorlesen, da seine Augen so schlecht waren. Als er von ihren Auswanderungsplänen erfuhr, wollte er ihr sein *buntes persisches Handexemplar* des *Zarathustra* schicken: *Du kannst es in irgendeinem amerikanischen Urwalde aufstellen, als Fetisch.* Von Försters Vegetarismus im Dschungel hielt er nicht viel: Man sehe sich doch nur die Engländer an, die alle dank Roastbeef und Phlegma imstande waren, Kolonien zu gründen! Und zur Mutter soll er des Öfteren gesagt haben, dass ein Kunsthistoriker und Gymnasialprofessor als Kolonisator einfach lächerlich sei. Es wurmte ihn zudem, dass seine geliebte - und oft auch gehasste - Schwester so weit fortziehen wollte - sie sollten sich bis zu seiner Umnachtung nicht mehr sehen - und dazu mit einem unwürdigen Schwager, dessen allermeiste Ansichten denen Nietzsches diametral entgegengesetzt waren, insbesondere sein abscheulicher Antisemitismus.

So zieht im Februar 1886 Förster mit seiner Eli, so heißt sie jetzt, und 14 Familien von Hamburg aus über den Ozean. Der Spiritus Rector des Unternehmens braucht viel Kapital, um Grund zu kaufen. Am Ende springt die Regierung von Paraguay ein, fordert aber, dass er binnen zweier Jahre 140 deutsche Familien ansiedele. Dies Rennen mit der Zeit und dem Kapital werden die Försters verlieren. Bernhard, der Gewiefte, verkauft schon mal Land, das ihm gar nicht gehört.

Derweil schreiben sich Bruder und Schwester herzensvolle Briefe. Nietzsche schlägt halb-ironisch

Schwager Bernhard (1843–1889)

Der Försterhof in Lamaland

vor, sich zum südamerikanischen Grundbesitzer zu machen. Aber das Stückchen Erde solle nicht, wie sie es wünschte, Friedrichsland oder Friedrichshain heißen, *weil ich zunächst noch nicht daselbst „sterben und begrabbelt-grabbelt" sein möchte, sondern, zur Er-*

innerung daran, wie ich Dich getauft habe – Lamaland. Vielleicht würde das die Meinung ihres Gemahls über diesen *unverbesserlichen Europäer und Anti-Antisemiten, Deinen ganz unmaßgeblichen Bruder und Eckensteher Fritz* verbessern? „Lama", so hatte er sie von früh an genannt. Angeblich stammt der Name aus einem Werk über Naturgeschichte, worin geschrieben stand, dass ein solches Tier die größten Lasten tragen kann, aber niemals gezwungen oder schlecht behandelt werden darf. Statt Friedrichshain nennen Eli und Bernd ihr frisch bezogenes Gutshaus in Nueva Germania *Försterhof* bei *Försterrode.* Einmal versucht das Lama ihren Bruder ins Lamaland zu locken: Das Wetter dort sei tausendmal besser als in Europa, sehr gut für seine Gesundheit. Und: Oh, wie wunderbar sie hier empfangen wurden, an den Straßen standen die Familien, man bot ihr die Babys zum Segnen an. Und wie erst, als man ihrem Bernhard das mit Rosetten festlich geschmückte Pferd übergab! Am Ende sangen sie alle *Deutschland, Deutschland, über alles*! Nietzsche verachtete übrigens diese Hymne mit ihrer spießig-nationalistischen Großtuerei, die sich nach 1871 im neuen Reich breitgemacht hatte.

So ganz unvorstellbar ist Nietzsche eine Übersiedelung nach Südamerika nicht. An den Freund Overbeck schreibt er, er habe manchmal *sonderbare Wünsche, gerade was diese neue Welt in Paraguay betrifft. Es kann im Handumdrehen jetzt für mich Europa unmöglich werden; und siehe da, vielleicht findet sich dort in der Ferne auch für einen solchen verflogenen Vogel, wie ich es bin, ein Ast.* Mit *Zarathustra* und *Jenseits von Gut und Böse* arbeitet er ja an Gedanken, die die gesamte europäische Tradition samt Christentum auf den Kopf stellen und ihm viel Feindschaft einbringen werden, wie er richtig vermutet. Aber es nützt alles nichts: Paraguay bleibt für den Philosophen unendlich weit. Wie sie da lebt im Dschungel, das kann er sich gar nicht recht vorstellen – das Lama mit Milch- und Viehwirtschaft beschäftigt! Aber er braucht sein Europa, wie er ihr schreibt, *weil es der Sitz der Wissenschaft auf Erden ist,* kein Zurück zur Natur, keine Philosophie *für's liebe Vieh.* Trotz all seiner Skepsis gegenüber ihrer neuen Lebensform stiftet er der Kolonie einmal 2.400 Mark.

Jedoch: Die Kundschaft blieb aus. Trotz aller Werbung, die über antisemitische Blätter in Deutschland lief, kamen nicht genug Familien zusammen, um die Kolonie zu vervollständigen. Elisabeth war enttäuscht von den *Herren Antisemiten.* Statt nur auf die Juden einzudreschen, sollten sie doch lieber das deutsche Wesen in der Kolonie vertiefen. Und wie stellte sie sich das deutsche Wesen im Dschungel vor? Was hatte dieses Wesen überhaupt dort zu suchen? *Deutscher Männergesang erklingt aus einem Garten. Wie die Urwaldbäume verwundert über diese fremdartigen treuen Klänge ihre Wipfel schütteln!* [...] *Mit Liebe, Stolz und Sehnsucht erschallt es weithin, hinauf zum sternenbesäeten südlichen Nachthimmel, hinein in das geheimnisvolle Dunkel des hochragenden Urwaldes: „Deutschland, Deutschland"* [...] – aber das kennen wir bereits.

Ein großes Problem näherte sich dem erneuerten Germanien in Gestalt eines Schneiders aus Antwerpen: dem deutschen Antisemiten Julius Klingbeil, der voller Hoffnungen nach *Nueva Germania* anreiste, mit einem Dutzend Personen im Gefolge. Doch wie groß war seine Enttäuschung über den wahren Zustand der Siedlung und vor allem des herrschaftlichen Paares! Nichts mit Vegetarismus, über das Förster noch ein großspuriges Buch geschrieben hatte; vielmehr erlebte man, wie das germanische Paar saftiges Fleisch verspeiste. Auch für den Alkoholpegel war gesorgt. Die beiden waren zudem herrisch, cholerisch, intrigant. Klingbeil sah sich also genötigt eine Abrechnung zu schreiben: *Enthuellungen über die Dr. Bernhard Förster'sche Ansiedelung Neu-Germanien in Paraguay. Ein Beitrag zur Geschichte unsrer gegenwärtigen colonialen Bestrebungen. Nach eigenen Erfahrungen mitgeteilt* - erschienen 1889 in Leipzig. Er richtet seine Schrift gegen *unfähige Colonialfexe und Vereinsmeier* und teilt den Deutschen klipp und klar mit, dass sie dumm seien, wenn sie nach Paraguay auswandern wollten. Förster fange nach Klingbeils Erfahrungen Einwanderer ab, seine Arbeit bestehe ansonsten im Nichtstun. Allenfalls schreibe er *zündende Berichte für Vertrauensselige*. Schritt für Schritt widerlegt der Schneider die schönfärberischen Behauptungen des Kolonialherren über die Lebensbedingungen im Dschungel. Die angeblichen Vegetarier machten Geschäfte mit den armen Siedlern. Förster erfinde fiktive Landkäufer - darin erinnert er übrigens an Tschitschikow, den Seelenkäufer aus Gogols unglaublichem Roman *Tote Seelen*. Elisabeth erscheint dem Kritiker dabei als die klügere und effizientere. Während Förster nervös auf und abgehe und Menschen nicht in die Augen schauen könne, werde der Besucher geradezu betäubt vom Redefluss der Frau Doktor. Ihr Geschwätz bringe jedoch bewusst oder unbewusst auch eine komische Wirkung hervor. Während Bernie feige und ehrgeizig sei, sei sie ehrgeizig und tapfer, dazu noch unehrlich. Man ahnt hier schon ihre künftige Rolle als Herrin über Nietzsches Erbe in der Villa Silberblick: intrigant, manipulativ, durchsetzungsfähig, tüchtig und Wahrheiten verfälschend. Sie wisse immer, wie man anderen Geld abluchst. Insgesamt stehe Bernhard, der mit seinen *unheimlichen Zimmerpromenaden* die Leute nervös mache, unter dem Pantoffel seiner herrschsüchtigen Frau. Mit solchen Behauptungen zieht sich Klingbeil natürlich den Ärger des Paares zu. Der Untergang ihres Reiches, in dem Elisabeth eine kleine Königin sein wollte, konnte nun dem Schneider in die Schuhe geschoben werden.

Klingbeil gibt uns noch weitere Porträts der Siedler in der Umgebung, in der gerne andere schlecht geredet werden. Da ist der deutsche Schweinemetzger, der von einem betrügerischen Konsul mit Wucherzins belegt wird. Leider kann er nicht zahlen, denn er hat sein Vermögen in Flaschenbier angelegt. Da ist der antisemitische Bienenzüchter und Anstreichermeister Franke mit seiner Frau, einer *gesinnungstüchtigen, tapferen Antisemitin*. Oder Franz Kaiser aus Dortmund, ehemaliger Redakteur eines antisemitischen Blattes, für das in der Kolonie aber kein Interesse mehr besteht. Nun will der abgehalfterte Redakteur eine Branntweinschenke eröffnen - die Försters sind als Antialkoholiker entschieden dagegen! Herr Gülich kaufte mit den Geldern der *Leipziger Südamerikanischen Colonisationsgesellschaft* jede Menge Vieh. Als man dies überprüfte, musste man feststellen, dass Gülich ein reicher Mann geworden und vom Vieh keine Spur mehr zu sehen war. Herr Pelzer ist der Bruder von zwei in Belgien verurteilten Mördern. Herr G. verdient sich sein Geld, indem er für den Einwanderungsdirektor Schaerer - einen Phlegmatiker - monatlich auf Französisch einen Aufsatz für die *Revue du Paraguay* verfasst. Schaerer unterschreibt diese Berichte alle, ohne hinzugucken, denn er kann kein Französisch. Themen sind der vegetabilische Reichtum Paraguays, die Vorteile des Anbaus von Tabak, Mate und Ramie, wobei Letzteres hier vollkommen unbekannt sei. *Von allen Unternehmungen in Paraguay ist die sicherste, die beständigste im*

Ertrage und die gewinnbringendste ohne Widerrede der Anbau des Zuckerrohrs, was Klingbeil bestreitet. Herrn G.s Arbeiten sind reine Erfindungen, sie strotzen von Phantasie und Hochstapelei; es sind in Wahrheit Loblieder auf die Täuschbarkeit von Menschen. Als Klingbeil einmal den Herrn G. fragt, wie er denn solche Unwahrheiten verbreiten könne, lächelt dieser und antwortet: „*Wenn wir die Wahrheit schrieben, würde wohl kein Deutscher nach Paraguay kommen.*" Klingbeil sollte das Schicksal der Kolonie besiegeln, auch wenn das Herrscherpaar die anderen Siedler zu einer Unterschriftenaktion gegen ihn aufrief. Wegen Klingbeils Schilderungen trocknete der Kapitalfluss aus Deutschland aus.

Das Ende ist bekannt. Förster hielt sich kaum noch in der elenden Kolonie mit all ihren Problemen auf, Elisabeth musste alleine wirtschaften. Vielmehr hing er ausgerechnet in San Bernardino ab, verfiel gänzlich dem Alkohol und gab sich schließlich am 3. Juni 1889 im Alter von 46 Jahren eine Dosis Gift. Elisabeth drehte daraus den Mythos, er sei als Märtyrer gestorben, als Folge der ständigen Anfeindungen und menschlichen Bosheiten. Sie wusste aber, dass es Selbstmord war. In den *Bayreuther Blättern*, in denen Förster so oft für die Kolonie geworben hatte, erschien eine Hymne auf diesen Helden in Walhalla, diesen Adler mit gebrochenen Flügeln. Der Autor dieser bemerkenswerten Verse, der Wagnerianer Hans Paul von Wolzogen, der später auch Hitler vergöttern sollte, warb für ein Förster-Denkmal und eine Kirche in der Kolonie. Die Bernhard-Förster-Stiftung konnte nach drei Jahren zwei Spenden in Höhe von 36,30 Mark vorweisen. Auf den Wunsch von Elisabeth ließ Hitler später einen Beutel deutscher Erde für das Grab von Förster in den Urwald schicken.

Eli kehrte erst einmal nach Deutschland zurück. Im Jahr zuvor war etwas Tragisches geschehen: Ihr Bruder war in Turin in geistige Umnachtung gefallen. Nun, im Dezember 1890, stand Nietzsche mit seiner Mutter am Naumburger Bahnhof – steif wie ein Preuße, aber er erkannte die Schwester. Sie las ihm etwas aus *Zarathustra* vor, und es schien ihm zu gefallen. Innerhalb von fünf Monaten schrieb sie ein werbendes Buch über Dr. Bernhard Försters *Neu-Germanien*, in dem sie Briefe und Berichte sammelte, die ein Bild der Kolonie entwerfen, neue Siedler anwerben und Ungeeignete vorwarnen sollten. Darin: *Ein Sonntag in Neu-Germanien*, ein Pferderennen mit Festfrühstück oder Briefe von Siedlern, die ihre Verwandten anlocken wollen oder prahlen, wie viele wilde Tiere sie geschossen haben (Tauben, Wildschweine, 14 Affen – *das Fleisch derselben schmeckt sehr gut*). Die Paraguayaner werden als niedlich-kindliches Volk dargestellt, die gerne faulenzen und sich betrinken, sonst aber bescheiden und freundlich sind. Ein Siedler wünscht sich deutsche Mädchen herbei, denn die Frauen hier seien zwar nett und hübsch, aber zu braun oder schwarz. Es folgen praktische Ratschläge: Wie sieht es mit den „Wilden" aus? (Es gibt keine mehr.) Was soll man mitbringen an Hausrat, welchen eisernen Vorrat an Nahrungsmitteln? (Biscuits, Pflaumenmus, Kaffee, Butter) Elisabeth selbst prunkt mit ihren Möbeln aus dem Haus des Großvaters *Superintendent Dr. Nietzsche* aus Eilenburg. Damit seien treue Hausgeister aus der Heimat mit in die Ferne gekommen.

Aber auch das Buch brachte keinen Erfolg, und so reiste die Autorin noch einmal nach Paraguay, um die Kolonie abzuwickeln. Diese fiel so in die Hände von meist ausländischen Aktionären, weshalb sich Eli sehr um das deutsche Wesen sorgte, das nun ver-

Die Herrscherin

loren ginge. Die Deutschen forderte sie auf, weiterhin zu kommen, damit man dem englischen Übergewicht in Nordamerika ein deutsches Gegengewicht bieten könnte: Die Engländer werden schon als Feinde gesehen.

Ab 1895, als sie ihren Bruder in Obhut nahm, war sie nicht mehr Dr. Eli Förster, sondern Elisabeth Förster-Nietzsche. Und Klingbeil? Auch der war wieder in Deutschland. Als er mit seinen Compagnons auf dem Schiff in die Elbe einfuhr, flossen die Tränen, und natürlich sang man wieder *Deutschland, Deutschland, über alles*!

In den frühen 1990ern machte sich der britische Autor Ben Macintyre in den Dschungel von Paraguay auf, um die Überreste der Kolonie zu sichten. Er stieß tatsächlich auf Nachkommen der „Arier", die allerdings durch lange Inzucht gezeichnet waren. Man lernt immer noch Deutsch in der Schule und es gibt deutsche Wurstrezepte und Rassisten. Eine *Elizabeth Nigtz Chen*-Straße zeugt von großer Vergangenheit.

Fotogenialität: Wie Nietzsche sich abbilden liess

Der Name Nietzsche ähnelt dem des Erfinders der Fotografie: Joseph Nicéphore Niépce. 1826 schoss er das erste Bild, einen Blick aus seinem Arbeitszimmer in Gras (Bourgogne-Franche-Comté). Nietzsche hatte zeitlebens großes Interesse an Fotografien, vor allem natürlich an denen, die ihn zum Gegenstand hatten. Davon zeugen Briefe an die Mutter, Versendungen neuer Fotos an Freunde und Verwandte. Bei manchen gab er seine Befriedigung bekannt, andere schienen ihm misslungen. Sie dienten der Bindung an die Familie, von der er die meiste Zeit getrennt lebte, der Aufrechterhaltung von Freundschaften und gelegentlich auch als Versuch, sich bei einer Frau interessant zu machen. Außerdem findet er sich auf manchen Gruppenfotos, wie denen der *Burschenschaft Frankonia* oder des *Philologischen Vereins*. Gerne stellte er auch Fotos von berühmten Männern - etwa Schopenhauer - in seinem Zimmer auf.

An die 20 Aufnahmen ließ er von sich im Laufe seines Lebens anfertigen; alle anderen wurden während seiner Krankheit gemacht, ohne dass er dies noch zur Kenntnis nahm. Viele Fotos dienten der Selbstinszenierung, folgten aber vom Bürgertum anerkannten Mustern. Die Porträtfotografie war in seiner Zeit im Begriff, das gemalte Porträt zu verdrängen. Hier konnte der Bürger mit technischen Mitteln den Status des porträtierten Adligen erklimmen, auch wenn es nur ein sogenanntes Visitenkarten-Porträt war. Dekor wurde wichtig, Hintergründe signifikant. Einige Fotos erzählen auch Geschichten.

Das älteste Foto, das von ihm existiert, wurde in Weimar zu seiner Konfirmation 1861 gemacht.

Die Mutter schrieb ihm im März jenes Jahres: *Mein lieber Sohn, gestern wollte ich dir schon Bilder und Brausepulver schicken, aber Hr. Schulze war noch nicht fertig.* Der Familie, die den Konfirmanden mit salbungsvollen Worten begleitete, lag viel an dieser Ehre, die sich in dem Foto ausdrücken sollte. Doch tut sie das? Was wir sehen, ist ein herrischer Blick, Künstlermähne, die Rechte in den Rock geschoben wie Napoleon. Dabei muss sich der junge Mann abstützen auf einem Buch, möglicherweise dem Katechismus. Die Belichtung dauerte damals oft eine halbe Minute, so dass man stillzuhalten hatte und die Körperneigung nicht zu Verkrampfung führen durfte. Vielleicht, so vermutet man, ahmte er das Porträt seines damaligen Lieblingskomponisten Franz Liszt nach.

Im selben Jahr entstand ein weiteres Foto, das ihn mit einem Mitschüler (oder Lehrer) vor der Kirche von Schulpforta zeigt. Dazu schrieb er als Erklärung ein Gedicht für die Mutter, in dem es unter anderem heißt:

Willst du's wissen, schaue her:
Also steh ich, wie ein zott'ger Brummelbär.

Mit verschränktem Arm und Beinen
Brumm ich etwas in den Bart, als hätt' ich einen.

Und am Schluss schreibt der Sechzehnjährige:

Dieses Bild, von Schulz, dem Photographen,
Soll auf ihrem Weihnachtstische schlafen.

Wo es als Entschädigung für die Geschenke
Daliegt, die ihr nicht zu schenken ich gedenke.

Brummelig also, bärbeißig und widerborstig stellt sich hier der Schüler dar. Auch scheint ihn etwas Finsteres zu umwehen. Liest man seine Frühschriften, so wundert man sich, wie wild und blutig der Schüler phantasiert, etwa über den Gotenkönig Ermanarich und die Nibelungen. Vermutlich sind ihm die religiösen Fesseln schon lästig, die die Erziehung und Schule um ihn banden. Denn es ist um diese Zeit in Schulpforta, dass der brave und fromme Sohn des Pfarrers sich vom christlichen Glauben entfernt. Das wird lebenslang ein Problem in seinem Verhältnis zur Familie bleiben.

1867/68 leistete Nietzsche freiwillig Militärdienst in Naumburg. Hier trat erstmals ein Pferd in sein Leben: Er hatte einen gefährlichen Reitunfall, bei dem ihm die Brustmuskeln rissen, litt noch monatelang an eiternden Wunden und musste zur Kur nach Wittekind bei Halle an der Saale (siehe das Kapitel über das Pferd). Nietzsche fand während der mehrwöchigen Kur Zeit, ein fotografisches Studio in Halle aufzusuchen. Der Dreiundzwanzigjährige ist im Brustbild zu sehen, mit schwarzer Schleife um den Hals.

Er sieht um Jahre älter aus, streng der Blick, ja, finster. Erstmals sieht man hier den Schnauzer ordentlich über die Lippen hängen. Noch herrischer das Foto, das er sich als Kanonier bei der Feldartillerie im August 1868 machen ließ.

Hier steht er in einer Uniform, die zu eng ist, da er darunter wegen der Verletzungen noch einen Verband trägt, und hält kämpferisch in der Rechten einen langen Kavalleriesäbel, der schon zu seiner Zeit nur noch dekorativ war. Auf dem Tischchen liegt ein Helm mit Kugelkopf, welchen die Artilleristen trugen. Eine martialische Attitüde. Die Militärzeit, so hart sie war und ihn auch verletzte, schätzte er als Gegengift zur akademischen Verkopfung, die ihn während des Studiums in Leipzig auch quälte. Er sah sich im Kampf gegen eine *steife pedantische engbrüstige Gelehrsamkeit*, ein Lebensmotiv sozusagen. Er las in dieser Zeit Schopenhauer: *Meine Philosophie*, schreibt er in einem Brief an seinen Freund Rohde, *hat jetzt Gelegenheit, mir praktisch zu nützen.* [...] *Mitunter raune ich unter dem Bauch des Pferdes versteckt ‚Schopenhauer hilf'.* An denselben Freund schreibt er nach der Genesung im August 1868: *Heute folgt eine Photographie, die mich in einer etwas gewagten Situation darstellt. Im Grunde ist es eine Unhöflichkeit mit gezogenem Säbel vor seine Freunde zu treten und dazu mit einem so saueren bitterbösen Gesicht. Es ist etwas Rohes um so einen Krieger. Aber warum ärgert uns der schlechte Photograph, warum ärgert uns der ganze Lebensplunder so, daß wir nicht mehr aussehn wie frische neugewaschne junge Mädchen? Warum müssen wir immer mit dem Säbel bereit stehen? Und wenn wir nun energisch dem schlechten Photographen zu Leibe wollen, was macht er? Er kriecht hinter seine Kappe und ruft: „Jetzt!"* Nietzsche selbst war sich also der ironischen Implikation dieser Pose bewusst, zumal die Freunde ihm zu Beginn seines Militärdienstes geraten hatten, er solle sich einmal in Uniform fotografieren lassen, *damit, wenn man Dir einmal, als philologischem Haupthahn, ein Reiterstandbild setzen will, man doch zugleich ein angemessenes Costüm habe* (Rohde an Nietzsche, 28.4.1886).

1882 folgt das bereits erwähnte Foto mit Lou Salomé und Paul Rée (siehe *Das mit der Peitsche*), und dann das nach dem Zusammenbruch: Mutter Franziska ließ im Winter 1890/91 in Naumburg ein Bild mit sich und dem Sohn anfertigen.

Sie, in schwarzem Gewand – die Witwe hat nach dem Tod ihres Mannes 1849 nicht mehr geheiratet –, hält den Sohn und schaut in die Kamera, der Sohn im Mantel mit einem Filzhut in der Linken, überbordendem Schnauzer, blickt wie hörig auf sie, fast wie ein Hund auf die Herrin. Sie stützt ihn, damit das Bild nicht verwackelt. Das Foto diente wohl dazu, seine gute körperliche Verfassung zu dokumentieren. Als Franziska ihn pflegte, konnte er oft ausrasten. Bei Wetterwechseln brüllte er, so dass die Naumburger den wahnsinnigen Professor auch den Wetterpropheten nannten. Spaziergänge mussten oft abends stattfinden, da Nietzsches Auftreten unberechenbar geworden war. Einmal entkommt Nietzsche der Mutter sogar und sie macht sich auf die Suche. Wie glücklich ist sie, als ihr *Herzenskind an der Seite eines Polizisten ganz gemütlich plaudernd die Straße daher* kommt. *Ich nahm den Polizisten etwas zur*

Seite und hörte, dass er neben dem Herrenbad in einer Lache habe baden wollen und wohl länger entblößt herumgegangen sei (Chronik 760). Das Foto zeigt jedoch einen Patienten, der gut kontrolliert wird von der liebenden Mutter. Es wird zur Vorlage für eine Skulpturengruppe, die zum 100. Todestag im Jahre 2000 in Röcken aufgestellt wird: das *Röckener Bacchanal* von Klaus F. Messerschmidt. Es zeigt Nietzsche dreifach, zweimal fast nackt, einmal mit dem Mantel bekleidet neben seiner Mutter stehend. Allerdings trennt sie ein Spalt, als sei das Foto in der Mitte durchgerissen worden. Messerschmidt wollte mit dieser bis heute umstrittenen Konstellation einen Traum Nietzsches illustrieren.

In einem Brief schrieb Nietzsche 1889, kurz vor seinem mentalen Zusammenbruch, seinem väterlichen Kollegen, dem Historiker Jacob Burckhardt: *In diesem Herbst war ich so gering gekleidet als möglich, zweimal bei meinem eigenen Begräbnis zugegegen.* Umstritten ist die Gruppe aus weiß überzogenen Bronzefiguren, weil so manche lieber einen gesunden und genialen Nietzsche sähen und sich lieber nicht mit seiner Wahnzeit auseinandersetzen wollten. Verdeckt diese Gruppe seine Gedankenwelt oder spiegelt sie nicht auch Tendenzen in seinem Spätwerk? Die Besucher, die wir regelmäßig in Röcken empfangen, sehen meist diese Spiegelung. Der Künstler hat sich in der Umbruchzeit von 1989 intensiv mit Nietzsche beschäftigt und sich sogar *Ecce Homo* in einer teuren Prachtausgabe zugelegt, die noch in der DDR erschienen, aber wohl für den Westen produziert war – übrigens ein Hassobjekt für den Nietzsche-Gegner Wolfgang Harich (siehe *Kurz-Geschichten „DDR"*). Über die Vorgeschichte und den kontroversen Aufbau der Skulpturengruppe berichtet Messerschmidt 2015 in seiner Autobiographie *Das Mysterium des Mehlschwänzchens*. Die Auseinandersetzung zeigt, wie sehr Nietzsche politisch aufgeladen war für das System wie auch für dessen Gegner, selbst nach dem Ende der DDR. Gott ist tot, die DDR ist es auch, und mit solchen verlassenen Welten ist Nietzsches Werk beschäftigt, ja von ihnen besessen. Messerschmidt zitiert daher aus *Zarathustra*: *– denn selbst Kirchen und Gottes-Gräber liebe ich, wenn der Himmel erst reinen Auges durch ihre zerbrochenen Decken blickt; gern sitze ich gleich Gras und rothem Mohne auf zerbrochnen Kirchen –*

Auf jeden Fall bieten die Skulpturen Anlass zu Diskussionen, die tiefer gehen als der alleinige Blick auf Pfarrhaus, Grab und Kirche. Sie bleiben ein Stachel, so wie Nietzsche insgesamt ein Stachel in unserer Kultur bleibt. Die beste Diskussion, die ich als Museumswärter hier einmal hatte, war mit

Der Philosoph zu Besuch

einer Familie und ihrem 10-jährigen Sohn. Der wollte gleich zu Beginn wissen: *Was hat dieser Nietzsche eigentlich erfunden?* War die Antwort darauf schon schwer genug, so folgte eine noch gewichtigere Frage, und zwar im Anblick der Skulpturen: *Wie entstehen eigentlich Gedanken?* Für Denkmäler, die solches Denken auslösen, können wir dankbar sein.

Du sollst Dir ein Bildnis machen

Der Detektiv und der Philosoph

Kaum jemand ahnt, dass die Sherlock-Holmes-Geschichten von Sir Arthur Conan Doyle voller Anspielungen sind, zu sehr ist man durch die Spannung und die Figur des Detektivs und seines Adlatus Dr. Watson abgelenkt. Doch auch Nietzsche hat in diesen Geschichten seine Visitenkarte hinterlassen. Seit dem Jahr 1886 wandte der erfolglose Augenarzt Doyle seine neue Rezeptur an: In den Stunden, während derer er in seiner Praxis auf Patienten wartete erfand er mit Hilfe von Vorbildern wie Poes Dupin, den distanzierten, desillusionierten und zugleich akribischen Beobachter als Detektiv – Pfeifenraucher und Rationalist, mit Rauschgiftneigung und Vorliebe für Richard Wagner –, den Inbegriff des englischen Gentleman, kurz: Er erfand Sherlock Holmes. Doyle war erfolgreich mit dieser Kunstfigur, die immer lebendiger zu werden schien, und konnte sein Konto endlich füllen. Doch eines Tages wuchs ihm sein Geschöpf über den Kopf, wie der Mensch dem Gott oder das Monster seinem Frankenstein. Gegen den Rat süchtig gewordener Leser – wie seiner Mutter – beschloss er, seinen Helden umzubringen. Detektivgeschichten waren ja nur sein Nebenwerk, denn eigentlich wollte er große Romane und historische Berichte schreiben: über den Hundertjährigen Krieg, den Burenkrieg, über die Napoleonzeit oder den Mahdi-Aufstand. Aber wie ließ sich so ein großer Geist umbringen? Ein Held des Empire? Es musste heroisch zugehen.

Conan Doyles Frau war an Tuberkulose erkrankt und vor der Erfindung des Penicillins versuchte man sich in der Schweiz zu kurieren. Thomas Manns *Zauberberg* in Davos thront über all diesen Versuchen, Hoffnungen und Tragödien. Die Doyles entschieden sich für Meiringen und Rosenlauibad im Berner Oberland. Auf ihren Wanderungen kamen sie zu den berühmten Reichenbachfällen, wo das Wasser 300 Meter in die Tiefe stürzt. Oft sind die besungen worden, von Goethe bis Jeremias Gotthelf, dessen Wandergeselle Jacob hier ein göttliches Erlebnis hat (*Jacobs, des Handwerksgesellen, Wanderungen durch die Schweiz*, 1846). Für Doyle tat sich eben an diesem spektakulären Ort die Möglichkeit auf, das Göttliche und das Teuflische in einen Endkampf zu führen. So brachten diese Fälle Doyle zu seinem letzten Fall: Er beschloss, seinen Detektiv durch seinen größten Feind, Professor Moriarty, umbringen zu lassen. Der Professor, dessen Machenschaften Holmes zunehmend beschäftigt hatten, ist ihm der *Napoleon des Verbrechens*: Ein genialer Mathematiker, mit einer exzellenten Ausbildung, der mit 21 ein Traktat schrieb, das ganz Europa aufhorchen ließ, der dann sehr jung an einer kleineren Universität einen Lehrstuhl bekam und eine brillante Karriere vor sich hatte, ein Philosoph zudem, ein abstrakter Denker und Stratege. Doch eine kriminelle Veranlagung, eine teuflische Erblinie führten zu dunklen Aktivitäten – im viktorianischen Darknet sozusagen –, so dass er sich von der Universität zurückziehen musste und nach London ging. Von dort steuerte er mit seinem genialen Gehirn ein verbrecherisches Netzwerk, in dessen Mitte er selbst saß. Für Holmes ist er der einzig ernstzunehmende Konkurrent dieser Welt von Gut und Böse. Am 4. Mai 1891 inszeniert Doyle den gewaltigen Showdown an eben diesen Reichenbachfällen. Holmes und Moriarty liefern sich einen Kampf auf dem höchsten

Felsen über dem Abgrund und schließlich stürzen beide hinab. Die Trauer über das Ende von Holmes war nicht nur für Watson unermesslich, sondern auch für die britische Leserschaft. Angeblich trug man am Tag nach Erscheinen von *The Final Problem* 1893 in London Trauerflor, und das *Strand Magazine*, in dem Doyles Erzählungen erschienen, soll Tausende von Abonnenten verloren haben. Bis heute erinnern in Meiringen eine Statue, ein Museum und Straßennamen an dieses historische Ereignis, das nie stattgefunden hat. An den Wasserfällen kann man eine Plakette in dreisprachiger Ausfertigung lesen: *An diesem furchterregenden Ort besiegte Sherlock Holmes am 4. Mai 1891 Professor Moriarty*. Zur Beruhigung aller, die auch heute noch über den Tod des größten Detektivs trauern: Er sollte 1903 wieder auferstehen und noch viele Abenteuer erleben.

Der Vater des Sherlock Holmes: ACD (1859–1930)

Und Nietzsche? Die Leser von Detektivromanen sind oft selbst detektivisch unterwegs, und so fand ein amerikanischer Literaturkritiker und Künstler heraus, dass Nietzsche sich eine Zeitlang zur Kur in Rosenlauibad bei den Reichenbachfällen aufhielt. Die Geschichten um Holmes hätten ihn sicher fasziniert, aber zur Zeit ihres Erscheinens in den 1890ern war Nietzsche schon geistig krank. Hätte er sie lesen können, wäre ihm eine gewisse Ähnlichkeit mit Professor Moriarty ins Auge gesprungen. Ein böser Ex-Professor, aus seiner Zunft verstoßen, der die bürgerliche Moral der Viktorianer unterwandert - Nietzsche tat es unter der Losung *Gott ist tot,* Moriarty mittels hinterhältiger Verbrechen. Beide gehasst und gefürchtet von der anständigen, christlichen Welt. Beide genial, auch wenn Nietzsche in Mathematik so schlecht war, dass er fast durch das Abitur gefallen wäre. Aber es geht ja um Entsprechungen. Und Conan Doyle ist ein Meister der Verschiebungen, Parodien und verdrehten Anspielungen. Nietzsche war als Philologe in seinem Alter genial, wich aber bald von diesem klassischen Karriereweg ab, weil er sich von der Philosophie, oder besser vom freigeistigen Denken angezogen fühlte. Als „Antichrist" und Immoralist hat er die besten Karten, mit dem Napoleon des Verbrechens identifiziert zu werden.

1877 finden wir Nietzsche in Rosenlauibad, weil er sich von der Universitätsarbeit in Basel erholen muss. Wenige Jahre später wird er seine Professur gänzlich aufgeben. Das passt zu Moriartys *kleiner Universität* und dem jugendlichen Geniestreich, ein die Wissenschaft umwälzendes Traktat zu schreiben. Im Falle Nietzsches war dies *Die Geburt der Tragödie aus dem Geist der Musik,* die er 1872 im Alter von 28 veröffentlichte, ein Buch, das ihm sowohl seine wei-

DIE

GEBURT DER TRAGÖDIE

AUS DEM

GEISTE DER MUSIK.

VON

FRIEDRICH NIETZSCHE,

ORDENTL. PROFESSOR DER CLASSISCHEN PHILOLOGIE AN DER UNIVERSITÄT BASEL.

LEIPZIG.

VERLAG VON E. W. FRITZSCH.

1872.

Tragisch

tere akademische Karriere verbaute als ihm auch den Ruf des Philosophen einbrachte. Mit dem Gegensatzpaar *dionysisch* (rauschhaft) und *apollinisch* (rational, klar) brachte er künstlerische und psychologische Phänomene auf den Punkt und lieferte unter anderem damit eine Vorlage für die Psychoanalyse. Dass der Endkampf in den zarathustrischen Alpen der Schweiz stattfindet, hätte Nietzsche auch gefallen. So wie Holmes Moriarty für den Jahrhundertverbrecher hielt, so hielt sich Nietzsche für einen Jahrhundert-, oder besser Jahrtausendmenschen. Im aufkommenden Wahn glaubte er schon an eine neue Zeitrechnung, die sich nach seinen Lebensdaten richten würde.

Im Juni 1877 jedenfalls ist er in Rosenlauibad, in jenem Hotel, in dem auch Doyle knapp 15 Jahre später mit seiner kranken Frau wohnen sollte. Nietzsche schreibt, dass er allein sei, aber dass doch viele Engländer vorbeikämen. Man kann mit leichter Übertreibung sagen, dass die Engländer als erste Alpinisten den Tourismus in die Schweiz brachten. Doyle soll 1894 sogar den Abfahrtslauf in der Eidgenossenschaft praktiziert und in England populär gemacht haben. Im Juli hat Nietzsche weitere englische Gesellschaft: den Generalstaatsanwalt von Großbritannien und den *berühmtesten englischen Landschaftsmaler* – wer immer das damals gewesen sei. William Turner lebte damals nicht mehr. Der hatte wunderbare Gemälde von seinen Schweizer Aufenthalten gemalt. Im August 1877 logiert auch der schottische Philosoph George Croom Robertson in Rosenlauibad. Den schätzt Nietzsche sehr, zumal er Herausgeber der philosophisch hoch anerkannten Zeitschrift *Mind* ist. Das Milieu der Holmes-Geschichten drängt sich auf, als Nietzsche in Briefen die Anwesenheit des Kaisers von Brasilien, Dom Pedro II., mit seiner Frau vermeldet – übrigens ein hochgebildeter Mann, der die Sklavenbefreiung in seinem Land beförderte und sich oft in Europa aufhielt. Elisabeth Förster-Nietzsche machte daraus eine kleine dramatische Episode, wenn sie in ihrer Nietzsche-Biographie behauptet, der Kaiser habe Nietzsche heimlich beim Klavierspielen zugehört. Wahrscheinlich aber hat sie die Szene plagiiert: Der Kaiser lauschte einmal dem Erfinder des Telefons, Alexander Graham Bell, unerkannt beim Klavierspiel. Das sind Begebenheiten, wie sie dem Zeitgeschmack entsprachen. Auch Sherlock Holmes hat es in seinen Geschichten öfter mit geheimnisvollen Majestäten zu tun.

Bleibt die Frage, ob Conan Doyle Moriarty bewusst als Nachbild von Nietzsche geschaffen hat. Sicher ist: Nietzsche war in der angelsächsischen Welt Anfang der 1890er-Jahre schon sehr bekannt; bald sollten die ersten Übersetzungen seiner Werke verfügbar sein. Doyle war sicherlich gut vertraut mit Nietzsches Leben und seiner Wirkung auf die Kultur. In *The Adventure of the Empty House* (1904), in der Holmes' Rückkehr gefeiert wird, tritt ein weiterer potenzieller Mörder auf, Colonel Sebastian Moran. In der Beschreibung ähnelt er wiederum Nietzsche (Bart, Augen, philosophische Haltung). 1914 schrieb Doyle ein Pamphlet gegen das Deutsche Reich und brandmarkte Nietzsche als Kriegstreiber – hält ihn gar nicht für einen Deutschen, sondern für einen verträumten Slawen mit Visionen. Dies passt auch ins Bild, das Max Nordau von den degenerierten Künstlern und Denkern in seiner Schrift *Entartung* (1892) festhielt, die europaweit große Beachtung fand. Halten wir also fest: Sherlock Holmes im Kampf mit Nietzsche ist auch ein Kampf zwischen dem guten anglo-amerikanischen Superman und dem bösen deutschen Übermenschen. Allerdings dürfte Conan Doyle selbst zwiespältig sein: Er ist Holmes, doch sein Schatten heißt Moriarty. Der Fall der Fälle von Reichenbach ist in erster Linie ein psychologischer.

Besuche in Röcken

Nietzsches Grab ist, anders als der Ruf des Philosophen in der Welt, unauffällig. Die rötliche Marmorplatte liegt an der bescheidenen, aber ehrwürdig-alten Dorfkirche, in der sein Vater nur kurz, bis zu seinem frühen Tod als Pfarrer tätig war. Ein romantischer Ort, umrauscht von einer Eiche, mit Falken im Turm, mit Käuzchen und nächtlichen Fledermäusen, untermalt aber auch vom Brausen der nahen Autobahn oder den landwirtschaftlichen Großmaschinen, die wie riesige Echsen über die Felder kriechen.

Gleichzeitigkeit des Ungleichzeitigen, immer unzeitgemäß also wie der Autor selbst, aber doch bedeutsam als Schnittstelle deutscher Geschichte: Da gibt es kein Entkommen. In die Mitte des Familien-

grabs ließ sich Schwester Elisabeth legen, die das Erbe des Bruders nicht nur erhalten, sondern auch rechten Denkern und Akteuren angedient hatte. Keiner weiß, ob Friedrich unter seiner Platte liegt oder beide unter der ihren.

Direkt am Grab die Kirche, 800 Jahre alt, in der Nietzsche auf den Namen des preußischen Königs Friedrich Wilhelm IV. getauft wurde, denn zur Freude seines Vaters teilte er den Geburtstag mit dem verehrten Monarchen. Als dieser 1848 den Revolutionären klein beigab, verfiel der Vater in eine lange, fast komatöse Krankheit. Für den Sohn, der den Vater liebte und verehrte und dessen Musikalität er erbte, war damit der Tod Gottes geboren. Als Antichrist durfte er am 28. August 1900 - Goethes Geburtstag - neben seiner Taufkirche begraben werden, allerdings blieb der Pfarrer fern und überließ das Feld den hymnischen Nietzscheanern.

Von der Mauer blinkt ein blauweißes Schild: die Kirche steht unter Denkmalschutz. Noch zu DDR-Zeiten wurde sie dessen würdig erachtet, was zeigt, dass eine schützende Hand über dem Ensemble lag, obwohl der Philosoph staatliches Hausverbot hatte. Das Dörfchen lockte immer auch subversive Kräfte an, jene Leipziger Studenten zum Beispiel, die vermutlich um 1968 heimlich eines Nachts eine Plakette an das Pfarrhaus anbrachten, in dem Nietzsche geboren wurde. Bewiesen ist das nicht, es gibt andere Vermutungen. Auch diese wurde nicht entfernt - trotz ihrer runenartigen Zeichen für seine Lebensdaten. Zu einem Treffen in Röcken gehörte Rotwein und man diskutierte - oder rezitierte *Zarathustra*.

Auch heute zieht die Friedrich-Nietzsche-Gedenkstätte in Röcken Geister unterschiedlicher Art an. Immerhin schließt sich an diesem Ort der Kreis: Hier wurde er geboren, wenige Meter weiter liegt er begraben - so etwas gelingt nur wenigen Philosophen oder Dichtern -, fast eine Taschenausgabe der Ewigen Wiederkehr. Schon der kleine Nietzsche wusste, wie schicksalsträchtig die Gegend war: Einige Kilometer weiter starb 1632 der schwedische König in der Schlacht bei Lützen, im Nachbardorf Meuchen wurde der Leichnam aufgebahrt. Auch die Schlachten gegen Napoleon hinterließen ihre Spuren. Mit 14 schrieb Nietzsche seine erste, würdige und altkluge Autobiographie: *Das traute Pfarrhaus ist mit mächtigem Griffel in meine Seele eingegraben.* Er sollte Pfarrer werden wie viele seiner Vorfahren, ging jedoch auf eine Widerspur wie ein verfolgtes Reh.

Hätte er sich träumen lassen, dass der Antichrist einmal neben seiner Taufkirche beerdigt sein würde? Und dass er mit seinem Grab möglicherweise ein kleines christliches Wunder vollbringen würde, das man tatsächlich übermenschlich nennen muss: Nietzsches Präsenz war wohl mitentscheidend dafür, dass um 2006 der Tagebau kurz vor Röcken Halt machte, denn das Wegbaggern des Dorfes war geplant.

Das Wunderhafte dieses Ortes wird einem erst recht bewusst, wenn man - wie ich - dort gelegentlich als Museumswärter und Grabwächter arbeitet. Auf dem Grab Nietzsches - doch nie der Schwester - finden sich immer wieder Blumen, Steinchen von jüdischen Besuchern, ein Plastikpferd, das vielleicht an den Zusammenbruch in Turin erinnern soll; auch ein Kondom fand ich dort. Manchmal legen sich Besucher auf das Grab, wie dies an einem Neujahrsmorgen ein Japaner tat. Im Winter kommen gelegentlich Russen und fegen den Schnee weg. Im Frühling sitzen iranische Flüchtlinge auf einer Bank, trinken Bier und zitieren den Philosophen. Die Bewohnerin des Pfarrhauses weiß noch viele Geschichten, die ich immer dankbar notiere. Einmal sei ein Chinese nach vielen Stunden Busfahrt in Röcken angekommen und habe auf Nietzsches Grab einen Brief an seine verstorbene Schwester hinterlegt, die eine glühende Nietzscheanerin war. Der Brief war am nächsten Tag verschwunden, die Hausziege hatte ihn gefressen – vielleicht ein direkter Pfad in den Himmel.

Auf der anderen Seite der Kirche steht die Skulpturengruppe von Klaus Messerschmidt aus dem Jahre 2000. Sie zeigt einen dreifachen Nietzsche, zweimal nackt und mit Sonnenbrille, einmal angezogen zusammen mit der Mutter am eigenen Grab stehend. Der mehrfache Nietzsche hat eines Nachts Betrunkene vertrieben, weil sie glaubten, sie würden von ihm beobachtet. Ein Satanist hielt das falsche Grab für echt und hinterlegte dort einen Brief: *Blöd gelaufen, Gott … Nietzsche: Gott ist tot.* Leider war das aber nicht der richtige Briefkasten, und so wurde diese Botschaft in den höheren Stockwerken ignoriert. Eine japanische Balletttänzerin bewunderte die Skulpturen, doch endete mit einem Seufzer: *Ach ihr Deutschen, dass ihr euren Nietzsche immer so schwerfällig darstellt, so unbewegt. In Wirklichkeit war er doch ein Tänzer!* Es vergeht kein Tag ohne bemerkenswerte Begegnungen der dritten oder vierten Art.

Zuletzt, im April 2022 an einem einzigen Tag: ein Fotograf, der viele Bilder für eine Publikation machte; seine Mutter, eine Wagnerianerin; ein Paar auf der Flucht aus der Ukraine: Das erste, was sie in Deutschland sehen wollten, war Röcken. Ein Iraner kommt wegen Zarathustra; der Großneffe Heideggers erscheint, hat aber mit seinem Großonkel nicht so viel am Hut; die Enkelin eines Pfarrers, der einst hier im Pfarrhaus wohnte und der übrigens Kant hieß. Als ich das erste Mal in Röcken war – in den

1990ern - hing an seiner Tür ein Schild: *Schlüssel für Nietzsche bei Kant.* Es gab auch einmal eine Klingelschnur am Pfarrhaus. Doch die ist seit der Wende verschwunden. Gerüchte sagen, sie habe inzwischen Australien erreicht und befinde sich im Besitz eines Nobelpreisträgers.

Mit welchen Emotionen, Erwartungen und Gedanken die Besucher anreisen, verraten zumindest teilweise die Gästebücher, die hier seit 1994, als die Gedenkstätte eröffnet wurde, geführt werden. Es ist ja eine eigentümliche Gattung, die noch längst nicht genügend untersucht wurde, jene Mischung aus Anwesenheitspathos (*Ich war hier! Ein Traum geht in Erfüllung, You have finally reached the most important place on earth*), Klischee, persönlicher Mitteilung und intellektueller Anstrengung - Poesiealbum und Autobiographie in einem.

Ein Politiker eröffnete 1994 das neue Nietzsche-Museum in Röcken: *Wir müssen und wollen die Provokation zur Erinnerung annehmen*, so Reinhard Höppner, der damalige Ministerpräsident von Sachsen-Anhalt zum 150. Geburtstag Nietzsches. Ein Außenminister namens J. Fischer wird später ins Buch schreiben: *Ein zwiespältiger Eindruck bleibt.* Nietzsche als Provokation schlägt sich außer bei diesen Politikern jedoch kaum nieder in den Alben. Vielmehr geht es um Begeisterung, Liebe und Befreiung, die immer wieder von Menschen aus aller Welt dokumentiert wird. In den 1990ern wird die Wiedervereinigung gelobt, weil man nun Nietzsches Geburts- und Grabesort besuchen könne. Ein Russe, dem in Leningrad Nietzsche zu lesen verboten gewesen war, ist nur noch glücklich, jetzt seinen geliebten Philosophen besuchen zu dürfen. Ein Ukrainer, der im Weltkrieg schlimmste Zwangsarbeit in Mittelbau-Dora leisten musste, ist bewegt, weil er und seine Kollegen nur durch das Lesen von *Zarathustra* überlebt haben. 2019 kam ein russischer Oligarch mit einem Gefolge von Journalisten aus Frankreich, Deutschland und Russland und lancierte mit großem Tamtam sein von Nietzsche inspiriertes Buch. Filmteams aus Italien oder von der BBC drehen, Busse mit Südkoreanerinnen oder Siebenbürger Sachsen kommen, die sich gut mit Nietzsche auskennen und ihn am Grab rezitieren.

Bei solchen Begegnungen fragt man sich bald: War Nietzsche überhaupt ein Philosoph? Oder eher ein Therapeut, wie in Irvin Yaloms *Und Nietzsche weinte*? Der amerikanische Psychotherapeut stattete Röcken einen Besuch ab, ebenso wie in den 1920ern übrigens Nikos Kazantsakis, der über Nietzsche promovierte, und wohl auch der spanischen Kulturphilosoph Ortega y Gasset. Die obige Frage stellt sich, weil viele Einträge äußerst persönlich sind und auf individuelle Erlösungen hinweisen.

Selbstbefreiung, Therapie also: Ein Gruß an Nietzsche aus Ossetien oder aus den USA, wo jemand Nietzsche dafür dankt, ihm beim Coming-out geholfen zu haben. Aus Mailand eine überquellende Danksagung, denn ohne Nietzsche *wäre ich nicht die geworden, die ich bin*. Eine Blume für Nietzsche von einem Südamerikaner, dem der Denker sein Leben gerettet hat und *auch im fernen Sibirien liebt man den großen Philosophen Nietzsche*. Nietzsches rumänischer Übersetzer besucht das Grab, als ob es das Grab seines Vaters wäre, denn im Grunde *ist Nietzsche auch mein Vater*. Den wichtigsten Ort auf Erden glaubt ein Besucher aus Massachusetts erreicht zu haben und eine italienische Eintragung nennt Röcken einen *kleinen großen Stern der Menschheit*. Ein Besuch bei Nietzsche zum 10. Hochzeitstag: Er sei jetzt verständlicher geworden mit seinen Aussagen über „die

Frau" - schreibt eine (deutsche) Frau. Manche kommen eher aus Pflichtgefühl. *Das Denken überlassen wir Nietzsche, dem Philosoph/wir kamen nur zu besichtigen Haus und Hof*, reimen Gästeführer ins Buch, während die Mitarbeiter der Firma „Max und Moritz Grillhähnchen" ihren Besuch nüchtern bekanntgeben. Ein Junge aus Österreich notiert, seinem Vater gefalle die Ausstellung sehr gut. Ein weiterer: *Weil es meine Konfirmation ist, und ich mir keine schlechte Meinung leisten kann, sage ich, dass es sehr interessant und informativ ist. Besonders gefallen hat mir die Grabstätte Nietzsches und das Buch über ihn.*

Aufschlussreich sind auch die Zitate, die die Besucher in ihrem Reisegepäck mitbringen. Neben den allbekannten von Frau und Peitsche oder Gottes Tod finden wir Zeilen aus Gedichten von Nietzsche, die zum Teil schon anonymes Volksgut geworden zu sein scheinen. *Doch alle Lust will Ewigkeit, will tiefe tiefe Ewigkeit*, oder: *Bald wird es schnein, wohl dem – der jetzt noch Heimat hat.* Immer wieder auch dies: *Man muss noch Chaos in sich haben, um einen tanzenden Stern zu gebären.* Und: *Ohne Musik wäre das Leben ein Missverständnis.* Und: *Was mich nicht umbringt, macht mich stark.* Und: *Nacht bin ich: ach, dass ich Licht wäre.* Zu guter Letzt: *Friede und Freundschaft dem Islam.*

Viele Zitate sind *Also sprach Zarathustra* entnommen - einem Werk, das wohl eher in die Reihe prophetischer Poesie gehört als zur Philosophie. Kein Zufall, dass ein moderner Klassiker dieses poetischen Prophetismus, Khalil Gibrans *Der Prophet* (1923) von Nietzsches Zarathustra beeinflusst wurde.

Es liegt in der Natur von Gästebüchern, dass sie meist das Problematische aussparen, hier zumal, wenn es um Nietzsche und den Faschismus geht. Meist beklagt man sich über die böse Schwester, die ihn für die Nazis aufbereitet hat, was zu einem

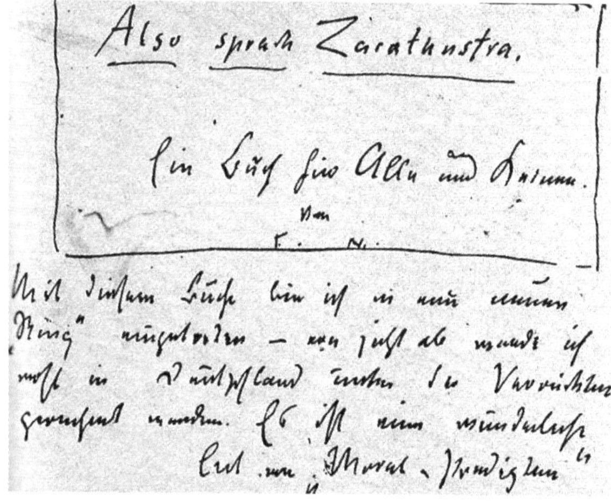

Also sprach Zarathustra.

Ein Buch für Alle und Keinen.
von
F. N.

Mit diesem Buche bin ich in einen neuen „Ring" eingetreten – von jetzt ab werde ich wohl in Deutschland unter die Verrückten gerechnet werden. Es ist eine wunderliche Art von „Moral-Predigten"

Nietzsches Titelentwurf zu Also sprach …

großen Teil - aber eben nicht ganz - stimmt. Nietzsches eigene Widersprüchlichkeit, die auch vor äußerst inhumanen Sentenzen nicht zurückschreckte - so als herrsche er wie ein Diktator über die Erde –, kann man eher in Gesprächen mit den Besuchern erörtern. Etwa vor der Hecke, die 1944 zum 150. Geburtstag vor dem Grab angelegt wurde, um der trommelnden SS einen Rahmen zu bieten. Hin und wieder kommen auch die Anhänger des rechten Nietzsche nach Röcken, aber sie suchen nicht das Gespräch. Eher kritzeln sie heimlich eine Rune in das Gästebuch. *Nietzsche gehört uns*, gaben einmal drei Identitäre der Museumswärterin zu verstehen. Die stellte sich stur: *Wollen Sie denn nun eine Eintrittskarte oder nicht?*

Eine Familie aus Taschkent kommt gleichzeitig mit einer Dame, die ihrem Sohn nach dem Abitur eine Reise nach Röcken schenkt. Sie will dort von einem Professor geführt werden. Der Professor, barfüßig und kurzhosig, verwechselt sie mit denen aus Taschkent – das kommt bei der Dame gar nicht gut an. Wenn der Professor Fragen stellt, schaut sie immer erwartungsvoll ihren Sohn an. Das erinnert schon an Ludwig Thoma. Derweil der Zehnjährige aus Taschkent sich langweilt und fragt: *Was hat denn dieser Nietzsche überhaupt erfunden?* Diskussion über Denken und Erfinden. Und die Siegeseiche: *Warum gab es diesen Krieg Deutschland-Frankreich?* Ich bitte ihn, von der Kanzel eine Rede zu halten. Er redet ungerührt von Atomspaltung, dort, wo einst Nietzsches Vater die Gemeinde beseelte. Die Dame kommt wieder dazu und sagt zum Professor: *Sie dürfen jetzt noch gerne ein Foto von mir und meinem Sohn machen.*

All die vielen anderen Besucher haben Nietzsche oft als Retter erlebt, als poetischen Denker, der ihnen einen Weg durchs Leben wies, sei es aus den Fesseln des Katholizismus, des Puritanismus oder des Sozialismus. Sie tun dies ohne den Druck der deutschen Geschichte, wie eine Künstlerin aus Ecuador bemerkte. Nietzsche wäre lieber am Mittelmeer begraben gewesen, nun kommt das Mediterrane zu ihm, denn gerade aus Italien, Spanien und Frankreich pilgern die meisten heran – aus all den Klimazonen, die ihn zeitlebens anzogen. Eine Art Heiliger ohne Gott ist er geworden. Wie seit Tausenden von Jahren suchen Menschen an den Gräbern von Halbgöttern oder Helden Energie, ob für sich oder die Gruppe. Die Spuren sind meist persönlicher Art, ganz anders als im Gästebuch für Karl Marx in Trier, wo immer auf das Gesellschaftlich-Historische abgehoben wird. Ein Zen-Mönch sagte, so berichtet die Bewohnerin des Pfarrhauses: Hätte Nietzsche einen weiteren Schritt getan, so hätte er Satori – Erleuchtung – erfahren. Wenige Tage später kam ein Jesuit und ließ verlauten, Nietzsche hätte mit nur einem weiteren Schritt den Weg in die Katholische Kirche gefunden. Selbst einige Nazis hatten feststellen müssen: Nietzsche hätte ein guter Nazi sein können, wenn er nur an den Antisemitismus, Nationalismus und die Rassenlehre geglaubt hätte. 1877 formulierte er jedoch schon seine zehn Gebote des Freigeistes, deren erstes lautet: *Du sollst Völker weder hassen noch lieben.*

Missverstanden oder nicht, Nietzsche hat wie kein anderer Philosoph außer Marx auf ganze Kulturen gewirkt. Nietzsches Einfluss findet sich bei den Gründungsfiguren der nationalen Literaturen von Australien (Handel Richardson) bis Japan (Mori Ogai) und China (Lu Xun) und noch hinter der Gründungsidee eines islamischen Staates namens Pakistan lauert ein Nietzsche unter dem Namen Muhammad Iqbal. Auch der Zionismus kommt nicht ohne Nietzsche aus, und heute ist er gerade bei orthodoxen Juden im Gespräch. Den Iranern wiederum ist Nietzsches Zarathustra eine Erinnerung an ihre eigene vorislamische Kultur. Als der indische Historiker Pankaj Mishraj 2014 den Leipziger Buchpreis zur Europäischen Verständigung erhielt, da wollte er als erstes nach Röcken, um Nietzsche seine Reverenz zu erweisen. Für ihn ist Nietzsche der Vater vieler antikolonialer Bewegungen in Asien: Katalysator, Wutkanal, Befreier.

Bei der Taufe des kleinen Nietzsche wählte der Vater Lukas 1,66: *Was meinest du, will aus dem Kindlein werden?* Die Besucher, die aus der großen Welt ins kleine Röcken kommen, geben immer wieder Antworten.

Das Pferd von Turin

Tieren war Nietzsche eigentlich nie recht nah. Er nutzte sie eher als Wappen, Allegorien und Symbole, zum Beispiel den Adler und die Schlange in *Zarathustra*. Affen tauchen in seinen Gedanken auf, schlecht beleumundet, ebenso Lämmer und Murmeltiere, aber es sind nie reale Wesen. Es können auch Maschinen sein - seine Schreibmaschine etwa *ist delicat wie ein kleiner Hund*. Er selbst sieht sich leiden wie ein Hund und redet über Arbeiten als *Thierquälerei*. Dann gibt es noch das *blonde Biest*, das Barbarische, das immer wieder Kulturen auslöschen kann - was für ein Tier ist denn das? Und sind Tiere überhaupt barbarisch? Die Spinne ist ein weiteres Tier, das ihn faszinierte. Es steht für das Weben von Netzen, das im Schreiben selbst sich wiederholt, ja, sogar in der Phantasie der Ewigen Wiederkehr taucht die Weberin auf: Alles werde wiederkommen, sagt dir ein Dämon, *und ebenso diese Spinne und dieses Mondlicht zwischen den Bäumen, und ebenso dieser Augenblick und ich selber* (*Die fröhliche Wissenschaft* §341).

Tiere dienen ihm philosophisch nicht nur als Symbole, die einen Zarathustra begleiten, sondern sie verkörpern auch seinen Perspektivismus, das heißt sie stehen für die Vielfalt von Wahrnehmungen, die dem auf sich bezogenen Menschen verschlossen sind. So schreibt er in *Die fröhliche Wissenschaft*: *Ich fürchte, die Thiere betrachten den Menschen als ein Wesen Ihresgleichen, das in höchst gefährlicher Weise den gesunden Thierverstand verloren hat* (§224).

Und doch ist die entscheidende Wende in seinem Leben jenseits aller intellektuellen Funktionen mit einem realen Tier verbunden – wenn es denn eine „wahre Geschichte" ist. Sie lautet: Nietzsche sei am oder um den 3. Januar in Turin auf die Piazza Carlo Alberto getreten und habe gesehen, wie ein Droschkengaul von seinem Kutscher auf das Übelste malträtiert wurde. Er sei hingelaufen und habe das Pferd umarmt – vielleicht hat er gesagt: *Oh, Bruder*, vielleicht ist er nur hingestürzt. So schreibt Ugo Pavia:

Aber den Höhepunkt bildete die Episode jenes Tages, an dem Davide Fino [sein Vermieter, ein Kioskbesitzer] *den Professor auf der Via Po zwischen zwei Stadtpolizisten sah, gefolgt von einem Schwarm kreischender Menschen. Friedrich Nietzsche hatte, wenige Minuten zuvor, die Arme um den Hals des Pferdes einer Mietkutsche geschlungen und wollte ihn nicht mehr loslassen. Er hatte gesehen, wie der Kutscher den Vierbeiner geschlagen hatte und dabei einen so ungeheuerlichen Schmerz empfunden, dass er sich veranlasst sah, dem Tier seine Zuneigung zu bezeugen. Nachdem sie den Professor in Empfang genommen hatten, suchten die Finos unter dem schweren Eindruck dieses Vorfalls den Beistand eines Irrenarztes, des Dr. Turina* (zit. in Chronik 725 f.).

Die Erinnerungen wurden erst etwa 30 Jahre nach Nietzsches Tod zusammengestellt. Die Episode ist jedoch zu prägnant, als dass sie einfach in das Reich der Legende geschoben werden sollte. Sie hat sich so lange gehalten, weil sie einfach passt. Man wird hier Zeuge, wie Geschichte entsteht, vielleicht aus ursprünglich banalen Bausteinen und Fiktionen. Der Übermensch, der dem Wahnsinn verfällt – das passte ins Bild, in dem Wahnsinn und Genie so eng zusammen hausen. Es tröstete auch den Bürger, der diesem elitären Denker und Herausforderer einen Riegel vorschieben konnte. Hinzu kommt, dass Nietzsche als Verächter des Mitleids galt, als antichristlicher Prophet. Wenn dieser nun genau durch Mitleid mit einer Kreatur in den Wahn fällt, so scheint hier geradezu die Vorsehung zu walten.

Gerade weil die Geschichte mit dem Pferd so überzeugend ist, sollte man sich ähnliche Narrative anschauen, die möglicherweise eine Backform für dieses Bild vorbereitet haben. Was hier befriedigt wird, ist die Suche nach dem sinnvollen Muster. Das kollektive Unbewusste sieht sich bestätigt. Hier wäre die Fiktion im Sinne einer psychischen Realität näher an der Wahrheit als die Fakten selbst.

Das Pferd, das - nach einem Buchtitel von Ulrich Raulff - sein letztes Jahrhundert erreicht hat - nach einem langen Zusammenleben mit dem Menschen, bei dem es meist den Kürzeren zog -, eignet sich für viele Projektionen des Homo sapiens. Er hat es gegen dessen Natur, der zufolge es Fluchttier ist, als vorwärts drängendes Reittier oder Streitwagen-Zugtier instrumentiert. Es wurde gepeinigt und gequält, um bei höfischen Spielen oder olympischen Reitturnieren die Reiter im besten Licht erscheinen zu lassen. In Kriegen hat es so gelitten, dass manche Soldaten mehr Mitleid mit den Pferden hatten, als mit den Menschen, die diese Kriege verantworteten. Der englische Autor Robert Graves hat darüber in seinem Buch über den Ersten Weltkrieg geschrieben. Und so durchgeistert das Gespenst des gemarterten Pferdes die Literatur: von Tolstois *Leinwandmesser* bis zu Isaak Babels *Budjonnys Reiterarmee*. Überhaupt in der russischen Literatur. In Dostojewskis *Schuld und Sühne* gibt es die Szene, in der der Mörder Raskolnikow träumt, wie er ein gequältes Pferd umarmt. Nietzsche selbst hatte Dostojewski für sich entdeckt und bewunderte ihn, jedoch wissen wir nicht, ob er diesen Roman gelesen hat.

Im Mai 1888 schreibt er in einem Brief über eine merkwürdige Vorstellung: *Winterlandschaft. Ein al-*

ter Fuhrmann, der mit dem Ausdruck des brutalsten Cynismus, härter noch als der Winter ringsherum, sein Wasser an seinem eignen Pferde abschlägt. Das Pferd, die arme geschundne Creatur, blickt sich um, dankbar, sehr dankbar – Vielleicht klingt hier auch eine Szene aus Kleists *Michael Kohlhaas* nach, vielleicht beginnt hier eine Identifikation mit einem Tier, das so jämmerlich von der menschlichen Herde behandelt wird wie ein Philosoph, der sich verabscheut weiß. Nietzsche verwandelt sich zusehends in Tiere, bevor er sich im Wahn zum Dionysos oder zum Gekreuzigten machte. Vom Hund wird er zum Biber, der sein philosophisches Werk baut (Brief im Mai 1888). In *Ecce Homo* (1888, seinem letzten Buch) sieht er sich als *Seethier: fast jeder Satz des Buches ist erdacht, erschlüpft in jenem Felsen-Wirrwarr nahe bei Genua.* Aus Sils-Maria schreibt er im Juni desselben Jahres in einem Brief, dass er als *„Unmensch", als „Unbehauster" einem Thiere immer ähnlicher werde.* In nachgelassenen Fragmenten von 1888 spricht er von seinen *inneren Nüstern*, in *Ecce Homo* heißt es: *Mein Genie ist in meinen Nüstern.* Die Nase und Gnosis, Riechen und Erkennen sind bei ihm nicht nur etymologisch aufeinander bezogen. 1887 sah er sich in einem Brief auch als altes Pferd, das in einem Zirkeltanze zwischen Engadin und Nizza hin- und herreise.

Vergessen wir aber nicht, dass Nietzsche lange zuvor eine besondere Beziehung zu Pferden hatte. Elisabeth erinnert sich an ein Zirkuspferdchen, das bei einer Vorstellung in der Naumburger Zeit vom Zirkusdirektor aufgefordert wurde, sich vor dem fleißigsten und klügsten Schüler zu verbeugen. Das Pony namens Pylades ging zum kleinen Nietzsche und neigte dreimal ehrfürchtig den Kopf. Dem Jungen war das peinlich, zumal es natürlich zuvor von Lehrer und Direktor eingefädelt worden war.

Nietzsches Domizil in Sils-Maria

Im August 1863 geht Nietzsche auf eine Wanderfahrt ins Böhmische und schläft in einer Dorfkneipe zwischen Fuhrmann und Hausknecht im Stroh: *Schnarcht gewaltig, stinkt nach Pferd.* Während des Leipziger Studiums hat er wieder mit Pferden zu tun, diesmal als Einjährig-Freiwilliger. 1868 schließt er sich der Reitenden Artillerie an, lernt Kanonen bedienen und das Reiten. Viel Zeit verbringt er auf der Reitbahn und im Pferdestall: *Es scharrt, wiehert, bürstet, klopft um Dich herum*, schreibt er in einem Brief im Dezember. *Und mitten drin, im Gewande eines Pferdeknechtes, heftig bemüht, mit den Händen Unaussprechliches, Unansehnliches weg zu tragen oder den Gaul mit der Striegel zu bearbeiten – mir graut es, wenn ich sein Antlitz sehe – es ist beim Hund meine eigene Gestalt.* Er ist also nicht nur der kommandierende Reiter, sondern sieht sich in der Kreatur gespiegelt.

Und hier hat er, der als der beste Reiter unter den 30 Rekruten gilt, im März 1868 einen bösen Reitunfall mit dem feurigsten Pferd der Batterie. Es misslingt ihm ein Sprung und er holt sich einen gefährlichen Muskelriss. Höchst schmerzhaft und zeitweise lebensgefährlich. Man schickt ihn ins Solebad Wittekind – heute in Halle an der Saale –, wo er von einem berühmten Chirurgen, Richard von Volkmann, erfolgreich behandelt wird. Dieser Volkmann wird später als Volkmann-Leander literarischen Ruhm erringen mit Märchen, die er im Krieg 1870/71 in Frankreich niederschrieb: *Träumereien an französischen Kaminen*. Nietzsche wird im August entlassen, Volkmann empfiehlt ihm, auf Faustkämpfe zu verzichten. Ende September jedoch hat der Student schon wieder Lust, ein Pferd zu besteigen, doch das Reiten ist im Großen und Ganzen für ihn beendet. Das Tier aber, das er als stolzer Soldat einst so kommandierte, sollte ihm in Turin wieder begegnen und ihn daran erinnern, dass auch er eine geschundene Seele ist. Gottfried Benn hat dies in seinem berühmten Gedicht *Turin I* festgehalten, in dem er ein weiteres Pferd hinzugefügt hat:

Indes Europas Edelfäule
an Pau, Bayreuth und Epsom sog,
umarmte er zwei Droschkengäule,
bis ihn sein Wirt nach Hause zog.

Das Pferd von Turin, vielleicht eine der größten literarischen Fiktionen, lebt fort – sei es im Film *The Turin Horse* (2011) von Belá Tarr, sei es in Romanen wie Joseph Conrads *The Secret Agent* (1907), Milan Kunderas *Die unerträgliche Leichtigkeit des Seins* (1984) oder in David Brooks' Meditationen über Tier und Mensch (*Turin: Approaching Animals*, 2022). Brooks fragt sich einmal nicht, ob Nietzsche zum Pferd sprach, sondern was das Pferd zu Nietzsche gesagt haben könnte.

Die Zeit der Wende zum Wahn wartet mit Magie auf. Nietzsche friert und lässt sich einen rauchfreien Karbonnatron-Ofen der Firma Nieske aus Dresden nach Turin schicken. Behandelt wird er von einem Dr. Turina und später in Basel von Dr. Wille. Es ist, als drehten diese Namen ihm und seinem Werk eine Nase. Nietzsche jedenfalls reiht sich ein in jene Autoren, die die Magie Turins erlebt haben - von Tasso und Rousseau bis Primo Levi. Wenn etwas unsterblich an ihm war, dann war es die Episode mit dem Pferd, selbst wenn sie nicht stattgefunden hat.

Turin, um 1890

Der Rembrandtdeutsche will den Philosophen heilen

Im Jahre 1890 erregte in Deutschland ein Buch Aufsehen: *Rembrandt als Erzieher. Von einem Deutschen.* Darin ging es um eine Rückkehr zur Ganzheitlichkeit und zur Erde, zur Landschaft und zum Lokalen, eine Beziehung zur Scholle mit Herz und Leib. Gefühl und Heimat sollten in ihr Recht gesetzt werden. Und es war ein Buch gegen die anbrechende Moderne, die Wissenschaft, den Materialismus und die Entwurzelung. Der geheimnisvolle Autor wollte sein Pseudonym nicht lüften, und so rätselte man: War es vielleicht Nietzsche, der ja schon einmal über *Schopenhauer als Erzieher* geschrieben hatte? Oder Paul de Lagarde, Martin Schubart, Georg Hinzpeter? Es klang wie die Suche nach Rumpelstilzchens Namen. Erst später kam heraus, es war ein philosophierender Vagabund und Eigenbrötler namens Julius Langbehn (1851–1907): promovierter Kunsthistoriker aus Schleswig-Holstein, Grübler, Dichter, seine Mitschüler schon konnten sich keinen Reim auf ihn machen. Aber als junger Mann wusste er eines: *Ich werde noch zum Ruhme für ganz Deutschland etwas schaffen.* Den Wissenschaften und der akademischen Welt stand er feindlich gegenüber – so weit, dass er 1891 seine Promotionsurkunde zerriss und an die Universität München zurücksandte. Er war ein gnadenloser Idealist und Nationalist und suchte das deutsche Genie. Sein Symbol für den idealen Organismus war das Ei. Der Maler Hans Thoma porträtierte ihn denn auch mit einem Ei in der Hand. Er hatte einen Adlatus oder Apostel namens Benedikt

Momme Nissen, der seine Hagiographie schrieb und in ihm einen *heimlichen Kaiser* verehrte. 1891 veröffentlichte Langbehn seine *Vierzig Lieder von einem Deutschen*, die leider wenig beachtet wurden, weil auch sie anonym erschienen. Immerhin brachte er an dem Dresdner Haus, in dem sie der Welt geschenkt wurden, eine Tafel an: *Hier wurden die 40 Lieder von einem Deutschen im Jahre 1891 gedruckt.* Der Ruhm des Rembrandtbuches schwand schnell, und so musste ein Reklameband für Aufmerksamkeit sorgen: *Der Rembrandtdeutsche. Von einem Wahrheitsfreund.* Das Buch enthielt neben Rezensionen *666 numerierte Schlußbemerkungen.* Außerdem hieß es, *dies Buch ist schön und fremd und duftend wie eine Rose außer der Jahreszeit; und doch vertraut und lieb und bescheiden wie das erste Veilchen im Frühling; es paart deutsche Besonnenheit und deutsche Kühnheit; es ist das Buch eines Dichters und Feldherrn* (Quercu 243). Wir dürfen annehmen, dass dieses Buch von einem Wahrheitsfreund und seinem Apostel geschrieben wurde.

Dieser nordische Heiland erfuhr 1889 von Nietzsches Schicksal. Er war auf der Suche nach *Männern, die zur Bildung einer edlen Minderheit gegenüber dem „demokratisierenden, nivellierenden Geist des Jahrhunderts" geeignet sein könnten*, und da fiel sein Blick auf den damals *noch kaum bekannten Philosophen Friedrich Nietzsche*, jene *qualvoll ringende Prometheusseele.* Hier schien ihm deutsche Geistespolitik sofortiges Eingreifen zu erfordern (Podach 129), und er sah sich berufen, den Kranken zu heilen. Nietzsche wurde damals gerade in der Psychiatrie in Jena behandelt und von der Mutter betreut. Langbehn wollte Nietzsche *wieder auf vernünftige Gedanken bringen* und stattete Franziska im Oktober einen Besuch ab. Er machte auf sie einen guten Eindruck, er schien ihr

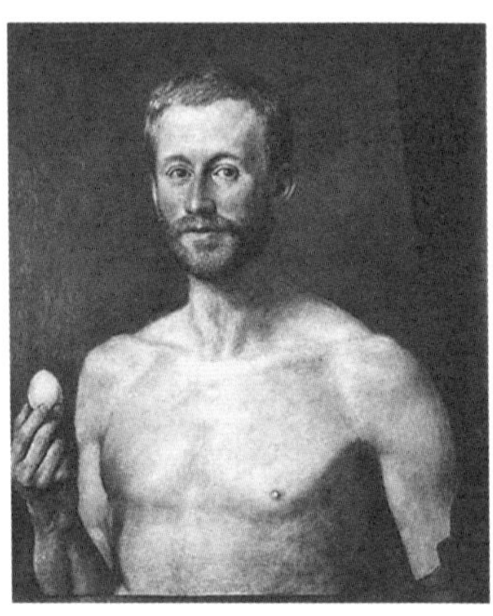

Der Rembrandtdeutsche (1851–1907) mit dem Ei, 1909

geradezu rührend zu sein. Ihr Vertrauen konnte er gewinnen, weil er seine eigene geisteskranke Mutter gepflegt hatte. Einen Monat später reisen sie zusammen nach Jena zu Dr. Binswanger, dem behandelnden Arzt. Nietzsche, so Momme Nissen in seiner Biographie des Rembrandtdeutschen, soll diesem um den Hals gefallen sein und seinen Saum geküsst haben. Ein angeregtes Gespräch zu dritt habe dann auf einem Spaziergang stattgefunden. Venedig war eine Erinnerung, die beide verband. Nietzsche lebte auf und rezitierte seine Verse über Venedig. Er soll beim Abschied gesagt haben: *Ich glaube, Sie bringen mich wieder auf den Damm.* Daraufhin schrieb Franziska ihrer Tochter in Paraguay einen Brief: *Gott hat mir* [in Langbehn] *einen Engel gesandt.* Langbehn blieb bald darauf mehrere Wochen in Jena und kümmerte sich um Winterkleidung für Nietzsche. *Wie ein Königskind* müsse der Philosoph behandelt werden. Es gibt richtige Gespräche, in denen Langbehn versucht, Nietzsche argumentativ zurückzugewinnen für die Norm. Als er antichristlich redet, fragt Langbehn ihn, ob er denn die Evangelien richtig kenne und kürzlich wieder gelesen habe. Nein, seit langer Zeit nicht, antwortet Nietzsche. Aha, da haben wir's! Die Irrenwärter sind derweil erstaunt über Nietzsches Besserung. Nietzsche sei bei der Abreise von Langbehn den Tränen nahe gewesen. Weltanschaulich trennt den Rembrandtdeutschen vieles von Nietzsche: *Nietzsche ist Autokrat, ich bin Aristokrat. Nietzsche, der ganz slavisch aussieht, ist wie ein orientalischer Eroberer, eine Art Dschingis Khan, ich bin wie ein altsächsischer Herzog*. Nietzsche habe als Gottesleugner eine Tigernatur, er dagegen sei Liebhaber des Göttlichen. Hätte Nietzsche länger gelebt, wäre er sicher wieder Christ geworden. *Nietzsche war rein und ritterlich und völlig schief gewickelt*.

Das nächste Ziel musste sein, Nietzsche aus der Heilanstalt zu befreien! Der Rembrandtdeutsche schaltet nun den zunächst skeptischen Köselitz ein, einen der engste Freund Nietzsche in der Spätzeit. Er erklärt ihm, dass Nietzsche nur „nervenübermüdet" sei, er habe zu viele Narkotika zu sich genommen. Einmal, als Langbehn ihn wieder bearbeitet – und das findet sich nicht in Nissens Heiligenlegende – hat Nietzsche einen Wutausbruch, wirft den Tisch um und ruft nach dem Wärter. Woraufhin der Rembrandtdeutsche nach Dresden flüchtet. Wenn Nietzsche rückfällig wird, schiebt Langbehn es auf die Ärzte. Er empfiehlt, Nietzsche soll nach Naumburg, doch Franziska ist noch unentschlossen. Daraufhin schlägt er vor, er solle zu ihm nach Dresden ziehen, da werde er sich komplett um ihn kümmern. Allerdings müsse sie dann ihre Vormundschaft abtreten und erhalte nur noch Zutritt, wenn er, Langbehn, es erlaube. In Dresden soll es dann einen kleinen Hofstaat um das Königskind geben, wobei

Langbehn den Haushofmeister spielen würde. Dazu könnten ein Arzt und die Mutter als Pflegerin kommen. In der Anstalt aber werde Nietzsche als *verkommener, in Italien verbummelter und verrückt gewordener Professor* behandelt, ja als *Sträfling*.

Der Versuch Langbehns scheiterte, denn Franz Overbeck, der andere gute Freund Nietzsches aus Basel, wusste diese Enteignung des Sohnes zu verhindern. Im Jahre 1900 schreibt Langbehn an Bischof Keppler einen Brief über dieses Projekt. Er hatte geglaubt, Nietzsche wieder zum Christentum zurückführen zu können. Nietzsche sei ihm auch sehr dankbar gewesen. Er hielt ihn für eine *reine Natur, in die der Teufel gefahren ist.* Die Schriften des Philosophen erzeugten in ihm, dem Rembrandtdeutschen, eine wahrhaft physische Übelkeit. *Ich habe in Nietzsche einen Bruder verloren. Gott sei seiner armen Seele gnädig.* Später las er einen Brief des 18-jährigen Nietzsche und war entsetzt, dass der Teufel schon damals so nah war. Podach fasst zusammen: *Keiner blieb vom biederen Erzieher der Nation verschont: er schulmeisterte den hilflosen Nietzsche, schwärzte Anstalt und Ärzte bei Mutter, Schwester und Gast* [=Köselitz] *an, behandelte infam Mutter und Gast, wagte sich zwar an Overbeck nicht heran, verleumdete ihn aber um so mehr, brachte Gast gegen die Mutter auf, über die er sich auch bei der Tochter beklagte, und zog dann über Gast her.*

Gelungen war dem Rembrandtdeutschen jedenfalls, dass er die Satiriker (*Höllenbreughel als Erzieher*) ebenso inspirierte wie die Nachahmer: *Dürer als Führer* (Nissen), *Rembrandt und Bismarck* oder *Christus als niederrheinischer Arier und Antisemit* (Max Bewer). Der ideologische Sumpf des Nationalsozialismus war geschaffen, und man ahnt, was die Nazis mit einem unter ihnen lebenden, geisteskranken Nietzsche gemacht hätten.

Übermenschlicher Unsinn: Morgenstern liest Nietzsche

Einer, wenn nicht der größte Nonsens-Dichter deutscher Sprache soll mit Nietzsche zu tun haben? Christian Morgenstern, Autor der verrückten Galgenlieder, Schöpfer solch unwirklicher Figuren wie Palmström, Korf und Kunkel, halber Geisterwesen - mit dem tiefernsten Walross Zarathustra? Ja, schon, denn auch Nietzsche war nicht nur Zarathustra, Prophet und wortgewaltiger Dichter-Philosoph. Zudem predigte Zarathustra den Tanz, das Spiel und die Kindlichkeit. Er konnte sich von der Sprache, und wie wir sahen, auch von einem Sprachgerät überwältigen, sich Gedanken durch Reime, Wortspiele und Metrik diktieren lassen. Nietzsche hatte die feinsten Sprachfühler seiner Zeit, er war ein musikalischer Denker und Tänzer - eine gute Voraussetzung für Nonsens. Wenn wir uns seine Schreibmaschinentexte anschauen, finden wir dort auch Ernstloses, Albernes und gar Anstößiges, als habe die Maschine vor sich hin geklappert:

NOTHDURFT IST BILLIG - GLÜCK IST OHNE PREIS:
DRUM SITZ ICH STATT AUF GOLD AUF MEINEM STEISS.

Oder:

NICHT ZU FREIGEBIG: NUR HUNDE
SCHEISSEN ZU JEDER STUNDE.

OH VOGEL, RECHN' ICH DICH DEN ADLERN ZU?
BIST DU MINERVENS LIEBLING UHUHU?

LEG ICH MICH AUS SO LEG ICH MICH HINEIN
SO MOEG EIN ***FREUD*** *MEIN INTERPRETE SEIN*

Die Maschine kann wie die Sprache selbst Versprecher und Versbrecher produzieren, aus einem Freund - wie wir sahen - einen Freud machen. So führt uns die Psychopathologie des Alltagslebens schön die Verwechslungen von Reimen und Leimen vor, wie Nietzsche es in seinem Vorspiel zu *Die fröhliche Wissenschaft* tut:

16 Dichter-Eitelkeit
Gebt mir Leim nur: denn zum Leime
Find ich selber mir schon Holz!
Sinn in vier unsinnige Reime
Legen – ist kein kleiner Stolz!

Oder jenes Gedicht, in dem er sich über den Dichter lustig macht. Da hängen *trunkne Wörtlein an der Tiktak-Kette* und ein Vogel klopft: *„Ja, mein Herr, Sie sind ein Dichter"/Achselzuckt der Vogel Specht* (*Dichters Berufung*).

Wo Tiere Menschen durch den Kakao ziehen können, ist Morgenstern nicht weit. Auch er ließ sich, lustiger noch sicherlich, von Reimen verleiten, Sinnsprüche zu produzieren und vor allem Gedichte, die nur des Anlautens wegen existieren. Halb-luftige Wesen entstanden daraus: Man denke an *Das aesthetische Wiesel*, das auf einem Kiesel saß – *Das raffinier-/te Tier/tats um des Reimes willen.*

Morgenstern verbringt den Sommer 1893 aufgrund einer ernsthaften Erkrankung - Rippenfellentzündung, Rheuma, Fieber - in einem schlesischen Kurort, wo er unter anderem mit Begeisterung *Tristram Shandy* liest. Im Winter darauf muss er in Zeiten der Rekonvaleszenz bei seinem Vater in Breslau wohnen. Für ihn ist es eine *Zimmerhaft*. Sie gibt ihm Zeit, sich mit Schopenhauer und vor allem Nietzsche zu beschäftigen, der für die nächsten Jahre zu seinem Leitstern wird. Wie Nietzsche wird ihn von nun an die Tuberkulose zu einem unsteten Leben zwingen, immer auf der Suche nach dem guten Klima, aber auch in zahlreiche Sanatorien. Die Ruhelosigkeit, das Nomadenhafte entspricht jedoch jenseits dieser Zwänge auch seiner Grundhaltung, nicht an das Festgefügte und Erprobte zu glauben: *Mein Wohnungsideal ist das Zelt.*

Noch in diesem Jahr verfasst er das Gedicht *Mutter und Sohn*, in dem er den geisteskranken Nietzsche in den Armen seiner Mutter sterben sieht, mit einem überirdischen Licht in den Augen.

Christian Morgenstern (1871–1914), um 1895

Morgensterns erster Gedichtband *In Phanta's Schloß* (1895), in dem er noch nicht in das Spiel mit den Absurditäten eingetreten ist, die wir mit Morgenstern verbinden, widmet er *dem Geiste Friedrich Nietzsches*. Er schickt am 16. Mai 1895 ein Exemplar an Nietzsches Mutter, zusammen mit einem verehrungsvollen Brief: Er wage ihr eine Dichtung in die Hände zu legen, der Mutter, die der Welt mit ihrem Sohn einen *Befreier, ein Vorbild, einen Auferwecker zu den höchsten Kämpfen des Lebens* geschenkt habe. Die Gedichte selbst zeigen einen Autor, der zwischen Pathos und Humor schwankt – ähnlich wie Nietzsche. Da wird das Ich von einem Adler über Klüfte getragen und mythisch gerungen. Führerfiguren werden evoziert: Spötter und Gottesleugner, Dichter und geschmähte Künstler. Sie sollen über das schwarze Nichts, den Nihilismus hinausführen, der durch den Tod Gottes sich ausgebreitet hat. *Wo ist mir Heimat?* erinnert an Nietzsches Gedicht *Die Krähen schrei'n*, das so beginnt:

Die Krähen schrei'n
Und ziehen schwirren Flugs zur Stadt:
Bald wird es schnei'n –
Wohl dem, der jetzt noch – Heimat hat!

In einer anderen Version heißt es übrigens: *Weh dem, der keine Heimat hat!*

Der Mensch ist sich Rätsel und Sphinx, auch das ein Nietzsche-Bild. *Phanta* im Titel ist übrigens nichts anderes als die Phantasie. Und diese ermöglicht es Morgenstern auch schon hier, Schwere zu überwinden: Wenn etwa ein Nachtwandler zur Litfaßsäule wird, ein goldener Bumerang fliegt oder eine riesige Regenharfe errichtet wird oder wenn der Gott Pan als Parodie auf *Zarathustra* erscheint. Da ahnen wir schon die grotesken Bilder und Erfindungen der Galgenlieder.

Einem Primaner, der einen Vortrag über ihn halten sollte, schrieb Morgenstern einen langen Kommentar zu dem Band. Darin begründet er auch, warum er das Buch Nietzsche gewidmet hat, und zwar, weil *dessen Werke wahre Bücher des Lebens für mich waren und sind*. In dem Gedichtband *Ich und Welt* (1898) platziert er *An Friedrich Nietzsche* – ein Gedicht, mit dem er seine Verwandtschaft mit Nietzsche bezeugt. Eine Park-Kapelle spielt *Lohengrin* und berauscht ihn so wie die Wagnersche Musik einst den Philosophen berauschte. 1896 veröffentlicht er eine Art Rezension zu verstreuten Schriften Nietzsches. Aus dem Referat wird aber eine hymnisch kommentierte Sammlung von Zitaten aus Nietzsches Werken unter dem Titel *Nietzsche, der Erzieher*. Da gibt es die einsame Flamme, die Scholle, den großen Menschen, Nietzsche als *der schönste Mensch, den die Erde je trug*, und: *Für alle Zukunft gibt es nun ein Kriterium des denkenden Menschen –: Was ist ihm Nietzsche? Dem Entartenden ist er die Gefahr der Gefahren*. Züchtung, Zeugung des Genius, ja noch der Sonnenkult der Altvorderen wird bemüht: *Ich schaue sie vor mir, die Alten, und hören ihren Gruß furchtbar erhaben über die Täler rollen* [...] *Denn heut' ist Sommersonnenwende*. Ein freundlicher Leser mahnt, eines Tages würden über Nietzsches Werken jedoch nicht mehr die Ausrufungszeichen, sondern ein Fragezeichen stehen. Und das sollte schon mit Morgenstern selbst beginnen, der sich hier noch in völkisch-romantischer Sprache wälzt.

Später wird Morgenstern Kontakt zu Nietzsches Schwester Elisabeth aufnehmen. Er erhält sogar von ihr eine Einladung zur Beerdigung des Philosophen in Röcken am 28. August 1900, muss aber aus gesundheitlichen Gründen absagen. Aber er nimmt Anteil: *Möchte Friedrich Nietzsche immer in Röcken ruhen dürfen; wer zu ihm will, wird ihn auch an diesem weltfernen Ort finden* – ein Satz übrigens, den der 2015 gegründete Nietzsche-Verein Röcken auf seine Homepage gesetzt hat, denn genau diese Weltferne und Unzeitgemäßheit ist sein Programm. Tatsächlich finden jährlich etwa 1000 Besucher aus aller Welt den Weg ins abgelegene Röcken bei Lützen.

Nietzsche lebte noch eine Weile weiter in Morgensterns geistiger Welt. Vor allem hat er den *Galgenliedern* 1905 ein Motto aus *Zarathustra* vorangestellt:

DEM KINDE IM MANNE
Im echten Manne ist ein Kind versteckt: das will spielen.

Das spielende Kind ist weit entfernt von dem, der da sagt, er wolle uns den Übermenschen lehren. *Zarathustra* mit seinen pathetischen bis pathologischen Zügen bedeutet bald einen Nietzsche, dem Morgenstern nicht mehr folgen kann. 1906 schreibt er, *Zarathustra* sei *bei allen Einzelheiten unbestreitbarer Größe eines der schlechtesten Bücher, die es gibt*, ein *Mischmasch von Grandiosem und Banalem*, oft *unbeherrscht und geschwätzig*. Zwölf bis 20 Reden daraus hätten gereicht, es zu einem Klassiker zu machen. Die Feldausgabe, die Elisabeth im Ersten Weltkrieg in einer Auflage von 54.000 Exemplaren veranstalten sollte, hätte ihn in seiner Beurteilung sicherlich bestätigt. Jedenfalls weicht die jugendliche Verehrung für das Genie einer differenzierten Sicht. So sieht er, dass Nietzsche dort versagt, wo er unter dem Einfluss seiner Eitelkeit stehe, einem *polnisch-romanischen Zug* – ja, Morgenstern ging dieser Wunschvorstellung Nietzsches auf den Leim. Nietzsche sah sich gern als Abkömmling polnischen Adels, doch dafür gab es keine Grundlage. Selbst Nietzsches Stil, der doch so hoch gehandelt wird, kann Morgenstern nicht überall gutheißen, denn der Philosoph schrieb manchmal schlicht manieristisch, preziös, gewollt. Nur wenn er ganz er selbst war, und nicht im Schlepptau anderer, da schien er für Morgenstern groß. Als Mensch findet er ihn 1912 beeindruckend, aber nicht in der *ach nur allzu zeitgemäßen Art seiner Philosophie. Die war Abendröte, nicht Morgenröte, und wer von ihr aus weiterschreitet, der wandelt in die Nacht.* Der späte Nietzsche wird ihm zum Fragezeichen, wie ihm orakelt wurde. Weder kann er sich nun in dessen Züchtungsideen noch in seiner reaktionären Haltung zur modernen Welt, zur arbeitenden Klasse und zu den sozial Schwachen wiederfinden. Nietzsche wird somit nach und nach – zumindest was seine histrionischen und hysterischen Aufwallungen angeht – durch Morgensterns anti-pathetische Sprache, durch Groteske und Parodie demontiert. Das mag anfangs noch unbewusst geschehen sein, wird aber später zu einer Triebkraft, je mehr sich die Kulturschaffenden um ihn herum zu Nietzscheanern entwickeln.

Von Nietzsche aber bleibt ihm der Geist des Widerspruchs: *Wer mit Nietzsche denkt, „widerspricht" sich auch mit Nietzsche.* So ähnlich sah dies auch Kurt Tucholsky, der 1932 schrieb: *Wer kann ihn nicht in Anspruch nehmen? Sage mir, was du brauchst, und ich will dir dafür ein Nietzsche-Zitat besorgen.* Letztlich brauchte der leidende Morgenstern auch ein System, ein Gerüst, das den Sinn seines Lebens befestigte, so wie Nietzsche es nicht mehr für ihn leisten konnte. Er fand die größere Freiheit – auch die von Widersprüchen – in Rudolf Steiners Anthroposophie.

FRIEDRICH NIETZSCHE

EIN KÄMPFER GEGEN SEINE ZEIT.

Von

Dr. RUDOLF STEINER.

ZWEITE AUFLAGE.

WEIMAR.
VERLAG VON EMIL FELBER.
1895.

Kämpfer

Vom Übermenschen zum Superman

Nietzsche wird neben den zuvor genannten Motiven mit einem weiteren assoziiert, mit dem er sich im wahrsten Sinne des Wortes groß machte: dem Übermenschen. Zarathustra wird zum Propheten dieser Figur: *Seht, ich lehre euch den* Übermenschen! *Der Übermensch ist der Sinn der Erde. Euer Wille sage: der Übermensch sei der Sinn der Erde! Ich beschwöre euch, meine Brüder, bleibt der Erde treu und glaubt Denen nicht, welche euch von überirdischen Hoffnungen reden!* […] *Der Mensch ist ein Seil, geknüpft zwischen Thier und Übermensch.*

So predigt der Prophet in der Vorrede zu *Also sprach Zarathustra*, einem der einflussreichsten Bücher der neueren Kulturgeschichte. Kein gutes Buch, um sich Nietzsche anzunähern – zu sehr ist es in biblische und pseudo-biblische Sprache getaucht, voller Pathos und Bekehrungswillen. Geschrieben von einem, der zuvor nicht oft genug betonen konnte, dass er mit einer neuen Religion nichts im Sinne habe, kein Missionar sein und die Menschen nicht „überzeugen“, sondern sie lieber zu kritischen Frei-Geistern erziehen wolle. Gegen Ende seines wachen Daseins machte sich ein Größenwahn geltend, in dem er sich als einen Apostel des Jahrtausends sah, als ein geistiges Ereignis, wie es niemals zuvor gesehen ward – als Beginn einer neuen Zeitrechnung. Und alle, in deren Psyche der Hang zum Größenwahn eingestrickt war, entdeckten den Übermenschen in sich oder anderen Idolen.

Der Übermensch ist jedoch nicht Nietzsches Erfindung. Das Wesen, das die Begrenzungen des menschlichen Daseins hinter sich lässt, durchweht schon lange die Ideengeschichte. Wenn die Götter klein werden, müssen die Menschen größer werden. Wenn Gott stirbt, lebt die Idee eines Übermenschen auf, wie Nietzsche selbst notierte. So hat man selbst Christus als Übermenschen gesehen und die Tradition des christlichen Übermenschen reicht von der mittelalterlichen Mystik bis hin zur deutschen Klassik. Mit dem Darwinismus kommt eine biologische Komponente hinein: Wenn es eine Evolution gibt, so kann diese zur Degeneration ebenso führen wie zu einer Höherentwicklung. Der Mensch ist nur eine Stufe in diesem Verlauf. Möglicherweise wurde Nietzsche von dem amerikanischen Philosophen Ralph Waldo Emerson (1803–1882) beeinflusst, den er sehr bewunderte. Emerson benutzte den Begriff der Oversoul, der Überseele, für ein Wesen, das das kleine Ego weit umfasst. Diese Vorstellung wiederum ist indischer Herkunft. Nietzsches Begriff kann vor diesem Hintergrund ebenso gelesen werden wie vor dem der Eugenik – das heißt der Züchtung eines Übermenschen im biologischen Sinne. Insgesamt bleibt er vage. Erstmals erwähnt er den Terminus in einem Schulaufsatz über Lord Byrons Drama *Manfred.* Manfred, den romantischen Mann des Weltschmerzes, hält er für einen *geisterbeherrschenden Übermenschen*.

Der Übermensch ist bei Nietzsche einmal ein *Blitz aus der dunklen Wolke Mensch*, ein andermal der Sinn der Erde oder der Sinn des menschlichen Daseins – was ja nicht dasselbe ist. Er ist ein Wesen des überbordenden Lebenswillens, der sich seine eigenen Werte erschafft, ja, ertanzt. Aber auch: ein *Einsam-Wandler*, ein Scheuer (wie Nietzsche), zugleich ein höherer Typus, ein Glücksfall des großen Gelingens – also eine Art Lotto-Treffer der Evolution.

Mit anderen Worten: Einmal entsteht er zufällig wie durch einen Blitz oder den Wurf der Würfel, ein andermal durch zielgerichtete Züchtung, dann wieder zeigt er Nietzsches Wunsch, ein anderer sein zu wollen, und dann wiederum ist er der Philosoph in Verkleidung. Er kündet sich für Nietzsche an in Gestalten wie dem grausamen Cesare Borgia, denn er steht jenseits von Gut und Böse. Dem Renaissance-Tyrannen sei er jedenfalls *hundert Mal ähnlicher als einem Christus*, wie er einer Freundin schreibt, die ihn nicht verstanden hat. Der Übermensch badet zudem *mit Lust seine Nacktheit* - ein neuer Dionysos also - er ist *hart aus Mitleid*.

Verbinden wir ihn also mit dem anderen, oft zitierten Wort aus *Zarathustra*: *Ich sage euch: man muss noch Chaos in sich haben, um einen tanzenden Stern gebären zu können*. Ein tanzender Stern, das wäre ein weiteres Bild für dieses flimmernde Zukunftsgebilde. Er hat also seinen Ursprung in einem Chaos, das kosmisch ebenso wie neurologisch im Kopf stattfinden kann. Aber ohne solche Dynamik eben kein Tanz, keine Geburt, kein Stern. Nicht anders wohl die Geburt des Übermenschen: schlecht vorhersehbar, künstlerisch erhofft und doch auch plump gezüchtet? Aber in welche Richtung? Gustav Theodor Fechner, der Leipziger Psychologe und Philosoph, machte sich lustig darüber, als er voraussah, dass wir uns allmählich in Engel verwandeln würden (*Vergleichende Anatomie der Engel*). Aber was für Engel? Es gibt helle und finstere. Das Gleiche gilt für alle Versionen des Übermenschen: ein Zuchtbulle, der alles niederreißt, oder eine höhere, weisere Intelligenz. Nietzsche siedelte ihn jedenfalls jenseits von Gut und Böse an; er habe seine eigene, höhere Moral. Man möchte nicht wissen, welche das ist, denn sie wurde immer schon, und nicht erst im Gefolge von Nietzsches rechten Anhängern angefordert. Diktatoren aller Schattierung sahen sich hier bestens aufgehoben. Der Übermensch als Diktator also? Das wäre wiederum zu kurz gedacht. Nietzsche war ja Künstler, Musiker, Sprachzauberer, ein tänzerischer Denker. Von einem solchen Geist erdachte Übermenschen müssen zwangsläufig anders aussehen als Diktatoren. Doch Wunschvorstellungen, die in die Realität eintauchen, werden dort oft zu bösen Alpträumen.

Zu Recht also wehrte sich etwa ein Anti-Nietzscheaner, wie der englische Autor Gilbert Keith Chesterton, der auch die *Father-Brown*-Kriminalgeschichten erfand, gegen den Übermenschen. In einer kleinen Satire schickt er um 1908 einen Journalisten auf die Suche nach diesem unbekannten Wesen. Der Übermensch war soeben zuerst als *Beyond-Man* oder *Overman*, sodann als *Superman* in England angekommen. George Bernard Shaw, ein Antagonist Chestertons, hatte ihm 1903 sogar ein berühmtes Theaterstück gewidmet: *Man and Superman*. Chestertons Journalist also kommt dem Übermenschen auf die Spur in einem Londoner Vorort. Doch die Eltern des Übermenschen wollen ihn nicht hereinlassen. Der Übermensch sei zu empfindlich für ein Interview. Können sie ihm nicht wenigstens sagen, wie er aussieht? Hat er Haare? Oder Federn? Irgendwann ergreift den Journalisten die Neugierde so, dass er die Tür aufreißt – doch sogleich welkt der Übermensch dahin, von einem Luftzug dahingerafft. Ein schwacher und wahnhafter Philosoph, so Chestertons Fazit, kann eben nicht ein starkes Modell für die Zukunft der Menschheit entwerfen. Es ist genauso hinfällig wie sein schwachbrüstiger Erzeuger.

Im Ersten Weltkrieg wird Nietzsche in der angloamerikanischen Welt als Kriegsphilosoph gesehen,

Die Schöpfer des Superman*: Jerry Siegel und Joe Shuster 1942*

der den deutschen Imperialismus und Krieg beflügelt habe. Dieses negative Bild wird ihm bis nach dem Zweiten Weltkrieg anhaften. Der Übermensch ist darin verwandt mit der „blonden Bestie“, mit dem Barbarischen, das Nietzsche ja auch beschworen hatte für die Regeneration der Kultur. Als solch böses Wesen gelangte er nun in die USA und wurde dort als Superman wiedergeboren. Die Studenten

Jerry Siegel und Joe Shuster bastelten jenes Wesen aus biblisch-jüdischen Legenden und aus Comics zusammen – aus dem starken Samson des Alten Testaments, dem Prager Golem und Popeye. Ob sie Nietzsche kannten, ist nicht gewiss, sicherlich aber war ihnen der Terminus „Superman" ein Begriff. Er kam in den USA in politisch linken Kreisen auf, als man sich ein starkes Proletariat wünschte, das sich vom Kapital befreien sollte. 1933 veröffentlichten Siegel-Shuster eine Kurzgeschichte mit dem Titel *Die Herrschaft des Übermenschen* (*The Reign of the Super-Man*). Hier war Superman tatsächlich noch ein böser Übermensch. Er hatte übernatürliche Kräfte, beherrschte Telepathie und Hypnose und war ein Feind der guten Menschheit. Der Geschichte war kein Erfolg beschieden. Die beiden Autoren ließen sich nicht beirren, denn bald darauf kam es zu einer Umwertung aller Werte: Ihr neuer Superman hatte weiterhin phantastische Fähigkeiten (Röntgen- und Hitzeblick, extreme Schnelligkeit, konnte Wolkenkratzer heben und war beinahe unverwundbar), stammte aber – im Gegensatz zu Nietzsches Übermensch – von einem anderen Planeten und führte eine doppelte Existenz: – auf der einen Seite als milder Reporter Clark Kent, auf der anderen als starker Vertreter des Status Quo, der die US-amerikanischen bürgerlichen und politischen Werte verteidigt. Dabei setzt er sich nur für die Guten ein und relativiert nirgendwo das Böse, wie es Nietzsche tat. Die osteuropäisch-jüdische Herkunft der beiden Autoren, ebenfalls Nerds und Brillenträger wie Clark Kent, hat wohl dazu beigetragen, dass sie sich einen Beschützer erträumten, der sie vor Pogromen und anderen Verfolgungen bewahren würde. Goebbels soll 1942 in einer Reichstagssitzung ausgerufen haben: *Superman ist ein Jude!* – mit der Folge, dass die Hefte in Deutschland nunmehr nur heimlich zu bekommen waren. Die GIs jedoch lasen sie mit Begeisterung, wenn sie Frontpakete aus den USA bekamen. Sogar der Tenno soll sie verschlungen haben.

Das führt weit ab von Nietzsche, ist aber doch auch entfernt verwandt. Denn der harmlose, physisch schwache Kent entspricht in mancher Hinsicht dem schwächlich-kranken Nietzsche, der sich eine andere, großartige Version seiner selbst erträumt. Aber es gibt eben massive Unterschiede zwischen den Konzepten. Schon deshalb, weil Nietzsches Übermensch eben „Mensch" ist, was nicht mehr mit „*man*" zu übersetzen ist. Man müsste also noch die Figur der *Wonder Woman* hinzunehmen, die ab 1941 in die Comics eingeführt wird. In der Tat spielt Nietzsches Übermensch für den Feminismus eine nicht unbedeutende Rolle, denn der Übermensch könnte auch eine Frau sein - eine komplett befreite und befreiende, das Patriarchat hinter sich lassende weibliche Figur! Es könnte sich allerdings auch um ein neutrales Wesen handeln, das wir „Künstliche Intelligenz" nennen. Denn diese ist ja geradezu prädestiniert, den Menschen zu überholen und auf einen niederen Rang im kosmischen Geschehen zu verweisen. Das ist die Botschaft des sogenannten Transhumanismus, den Nietzsche vorgedacht hatte, als er schrieb, der Mensch sei nur ein Übergang. Aber der Übermensch, lässt er Zarathustra verkünden, sei der Sinn der Erde. Was aber ist die Erde? Albert Schweitzer hat 1954 in seiner Nobelpreisrede dem Übermenschen attestiert, dass er trotz all seiner Kraft an einer Unvollkommenheit leidet - nämlich der Tatsache, dass seiner Macht keine Vernunft entspricht. Und das macht aus dem Übermenschen sehr schnell den Unmenschen.

Auch wenn der Übermensch nicht kommen sollte, er hat schon eine Spur hinterlassen: das Wort *über.* Es machte gleich Karriere in den 1890ern und gab dem ersten deutschen Kabarett in München den Namen Überbrettl, inspiriert von Otto Julius Bierbaums Künstlerroman *Stilpe. Ein Roman aus der Froschperspektive* (1897): *Wir werden eine neue Kultur herbeitanzen! Wir werden den Übermenschen auf dem Brettl gebären!* Im amerikanischen Englisch ist dieses *Über* als *Uber* seit einigen Jahrzehnten unterwegs. Ob es von Nietzsches Übermensch oder von *Deutschland, über alles* kommt, bleibt offen, aber es gibt sie, die Uber-Taxis, *uber-models, uber-tasty* Würstchen. So manchem wird übel dabei. Aber wenn wir schon bei Über sind: Nietzsche als Übermensch ist eher eine Selbstparodie, das Über würde ich ihm jedoch belassen. Für mich zumindest ist Nietzsche immer wieder der Über-Raschende.

Signaturen: eine Biographie in Briefunterschriften

So wie andere den Vogelflug deuten oder die Fährten eines Rehs, so könnte man aus der Art, wie Nietzsche seine Briefe unterschrieb, auf das Lebewesen schließen, das hier seine Spuren hinterlassen hat (meine Hinzufügungen in eckigen Klammern).

1850–1864

... denken gern an Ihren Sie liebenden Fritz Nitzsche [an die Großmutter] – *Dein gehorsamer Fritz* [an die Mutter] – *Fritz Nietsche* [sic!] – *Dein treuer Sohn Fritz Nietzsche – Denke du mir recht oft Deines Sohnes Fritz – Deinen Fr. W. Nietzsche seiner Hochehrwürden Bruder* [an die Schwester] – *... deinen Bruder Friedrich Wilhelm Nietzsche – Behalte lieb Deinen völlig gesunden Fritz – Dein Dich innig liebender Sohn Friedrich W. Nietzsche – Dein Fr. W. Nietzsche. Alumnus portensis etc. –*

Franconia-Burschenschafter in Bonn, 1865

Schickt Brillen!!! Dein Fr. W. Nietzsche. Al port – Dein Freund F. W. Nietzsche – Dein Fritz – Euer Fritz –Nietzsche. Alport. – D. F. Schikt mir Lippenpomade. – Dein FWN – votre tres [sic!] *cher fils et frère Fréd.* [an Mutter und Schwester] – *Euer Frédéric*

1864–1879

Friedrich Nietzsche. stud. philos. – gez. Fritz. – als Euer Friedrich Wilhelm weiland Nietzsche – Friedrich Nietzsche – F. – Einer der kriegsbereit ist. Fr. W. N. [1866] – *Deines Dich vermissenden Freundes F. W. N. – Dein Freund F. W. N. philologischer Lumpensammler – Dein treuer Freund Fr. Nietzsche – Dein dankbarer Freund F. W. N. – Dein treuer, gleichfalls tief getroffener Freund Friedrich Nietzsche – Ihr ergebenster Friedr. Nietzsche – Friedrich Nietzsche. Kanonier der 21. Batt. der reit. Abtheil. des Feldartillereg. Nr. 4 – preußischer Kanonier – Reservist – In treuester Freundschaft und Theilnahme in rebus secundus et adversus der Leipziger Eidylliker – Ha ha ha! (Lacht noch einmal.) Schrumm! (Geht ab.) F N. – Dr. Nietzsche Prof. in Basel – dein getreuer Bruder – Dein alter Freund Fritz Nietzsche Dr Professor in Basel – behalte in gutem Angedenken den heftig gratulierenden Schweizer F. N. – In der herzlichsten Ergebenheit und Treue Ihr Schüler Nietzsche – Dein treulich ergebener Enkel Dr Friedr Nietzsche Professor in Basel – Der alte Sohn, der immer „älter" wird. – Don Quixote aus Basel – Faul, aber treugesinnt Friedr. Nietzsche – Einer „der seligen Knaben"* [an Richard Wagner] – *Der treue Schweizer – Dein alter Sohn – Dein Bundesbruder – und denke gern an Deinen Gebirgskameraden Friedr. Nietzsche – Der reitende Artillerist, mit schwerstem Geschütz. – Dein getreuer, jetzt zum Mittagsessen sich rüstender Freund – Federigo – FRITZ – Adieu! Adieu! Kocht mir Kaffee! – Euer Freund*

und Bruder St. Gotthard – Dein getreuer Fridericus N. – Schreibe und melde immer Gutes Deinem Bruder – Dein Bruder Fridericus Intempestivus – Lebe wohl, mein herzlich geliebter Freund! – Leben Sie wohl, ich bin und bleibe der IHRIGE in Wahrheit – Mit freundschaftlichem Händedruck der Ihrige – In reiner Gesinnung der Ihrige – in Zukunft (wenn ich noch in einem Jahr lebe) Römer – Ihr sehr leidender F. N. – Im Voraus Dich herzlich umarmend Dein Sohn Friedrich Nietzsche – Treu,

Professor in Basel, 1872

obwohl heute sehr unbequem (wie die Sommerfliege auf meiner Hand) Ihr Freund F Nietzsche –

1880–1889

Ihnen näher und immer sehr nah F. N. – In Treue dein Bruder. Bitte kaufe für mich 2 Zahnbürsten, die härtesten bei Chr Burckhardt (abgerundet) – Herzlich grüßend und im Geiste umarmend Dein Sohn – Denkt meiner in Liebe! – Adresse: „Eremitage"! Marienbad in Böhmen – in herzlicher Gesinnung – in Treue und Vertrauen – Der Dankbarste Glückliche – Sein wir guter Dinge, liebster Freund! – Ihr ergebener Diener Dr. F. Nietzsche – Wenn ich ganz allein bin, spreche ich oft, sehr oft Ihren Namen aus – zu meinem größten Vergnügen! Ihr F. N. [an Lou Salomé] – *Von Herzen der Ihrige Dr. Friedrich Nietzsche (ehemals Professor der Universität Basel und Drei-Viertels-Schweizer)* [an Gottfried Keller] – *Um uns braust die Ewigkeit *** Meiner lieben Lou F. Nietzsche – Ihr F.N. Kalt. Krank. Ich leide – Das Leben bei euch war die Oase. – Liebste Lou, seien Sie, was Sie sein müssen. F.N. – Liebe Freundin, giebt es denn nicht irgend einen Menschen auf der Welt, der mich liebt?* [an Malwida von Meysenbug] – *Sylvester 1882 (mich schaudert bei dieser Jahreszahl) – (Eben blitzt und donnert es). Dein Freund F. N. – Dein F. N. (Pfefferkuchen bekommt mir nicht in dieser Höhe.) – Es geht mir wieder besser mit der Gesundheit, seit ich täglich saure Milch nehme, wie in Tautenburg. – Es giebt in meinem Kopf jetzt wieder manchen schlimmen Nagewurm. Ihr Freund F. N. – Meine Grüße an alle Verwandten, welche mir wohlgesinnt geblieben sind. – Adresse: Pension des Etrangers Mentone (France) – Euer Prinz Friedrich* [an Mutter und Schwester] – *Mit den Augen geht es immer schlimmer – Ach die Augen! Alles steht still. Von Herzen Euer sehr leidender F. – Addio, und auf Wiedersehn Ihr N. – Sie* wissen doch, wie sehr ich Ihnen zugethan bin? Ihr N. – In Liebe Euer (sehr augenleidend !!!) F. – Mit tausend zärtlichen Wünsche Dein F. – Bitte etwas Honig! Eigentlich gehört's jetzt zur Tradition meines Aufenthalts hierselbst. Und ein paar waschlederne gelbe Handschuhe, wie ich sie gern habe! – Dein Freund und Einsiedler N. – In Liebe und mit Thränen Euer Fritz – Ich selbst bin „unstät und flüchtig" auf Erden – Dankbar und ergeben Ihr Fridericus Nux Crux Lux Dux etc. – Dein alter Sohn, nicht sehr Philosoph. – Ihr Philosoph (kopfleidend augenleidend magenleidend) – Bleiben Sie südlich, und sei es auch nur dem Glauben nach! N. – Kurz und gut, es grüßt Sie von Herzen Der Einsiedler von Sils-Maria. – und denke meine schwarze Art Gedanken aus … Treulich Ihr alter sehr vereinsiedelter Freund F.N. – Was man doch allein ist! Dein altes Geschöpf. – Ich bitte Sie von Herzen darum: lassen Sie den Himmel wieder in Ihre Bäume wachsen! Ihr Freund – Ihr ergebenster Nietzsche (sehr augenleidend, – es ist viel zu hell an dieser Küste) [aus Nizza] – Vom „Jenseits" sind wir 200 Exemplare wirklich los geworden. – Die Etage, in der mein Zarath[ustra] entstanden ist, stürzte ein und ist jetzt abgetragen worden – bleibe ich treulich der alte Höhlenbär von Sils (verdrießlich und brummend, daß er heute nicht aus der Höhle kann). – Um ein Rhinozeros zu sehn, Beschloß nach Deutschland ich zu gehn. Mit ergebenstem Gruße Ihr N. philosophus (extramundanus, trotzalledem aber auch „tandem aliquando" …) [zu guter Letzt] – Meine Universitäts-Professur habe ich aufgegeben. Ich bin drei Viertel blind. – Ich lerne mich in die Lage zu schicken zu der ich mich bisher immer verurtheilt glaubte: nämlich nie einen verwandten Laut zu hören. – und so wie jetzt Alles steht, ist nichts mehr wieder gut zu machen. – Verzeihung! Dein altes Geschöpf – Verzeihung, daß der Brief endet, wie er nicht enden sollte, – ich thue so viel Verkehrtes. – Es grüßt Sie, verehrtes Fräulein so *herzlich wie möglich der alte Philosoph, Brummbär und Immoralist Nietzsche – Ich habe das Glück, Alles, was schwach und tugendhaft ist, gegen mich zu erbittern. – für alles Nicht-Willkommne dieses Briefs um Verzeihung bittend Ihr ergebenster Nietzsche. – für die nächste Woche und vielleicht noch länger bin ich wieder menschenfreundlich … – Mit diesem etwas indianerhaft gerathenen Schluß grüßt und umarmt Dich, mein liebes Lama, Dein Bruder Fritz. – Ich selber habe die Ehre, etwas Umgekehrtes zu sein – ein Genie der Wahrheit – Der „Immoralist" – In aufrichtiger Verachtung Nietzsche – Ihr Nietzsche, jetzt Unthier … – An meinem „Zarathustra" allein kann man Millionär werden: es ist das entscheidenste Werk, das es giebt. – es wird Kriege geben, wie es noch nie Kriege gab.* [an Kaiser Wilhelm II.] – *Der Antichrist Friedrich Nietzsche Fromentin* [an Bismarck] – *Es grüßt Sie der Phönix.* […] *Wissen Sie bereits, daß ich für meine internationale Bewegung das ganze jüdische Großkapital nötig habe? … – Man schreibt mir Briefe über Briefe … – In zwei Jahren wird Ihnen jeder Zweifel daran benommen sein, daß* ich *von nun an die Welt regiere Friedrich Nietzsche – Aufrichtig, ich weiß gar nicht mehr, wie das aussieht, was man Ärger nennt … – Meine Adresse weiß ich nicht mehr: nehmen wir an, daß sie zunächst der palazzo del Quirinale sein dürfte. – Auf Wiedersehn! Denn wir werden uns wiedersehn … Une seule condition: Divorçons … Nietzsche Caesar* [„Eine einzige Bedingung: Lassen wir uns scheiden", an Strindberg] – *Ich wäre dankbar, wenn Sie meinen Brief seiner Majestät dem Könige Umberto vorlegten. Es giebt keinen besseren Freund Italiens als mich. – Dionysos– Der Gekreuzigte – In herzlicher Liebe Ihr Nietzsche*

Kurzmeldungen. Ein ABC

Asteroid. 1989 beschloss ein belgischer Astronom, einen von ihm entdeckten Asteroiden aus dem Hauptgürtel „Nietzsche" zu nennen. Er hatte diesen Nietzsche (7014 N) von einem Observatorium in Chile aus entdeckt. Schon 1905 war der deutsche Sternenforscher Paul Götz auf die Idee gekommen, Asteroiden den Namen der Wüstentöchter aus *Zarathustra* zu geben: Dudu und Suleika. 1872 war Nietzsche von Zöllners Buch über Kometen fasziniert. 1881 notierte er: *Wir können uns nur wenig im Großen schützen: ein Komet kann jeden Augenblick die Sonne zertrümmern, oder eine elektrische Kraft kann auftreten, in der mit Einem Male das Sternensystem zerschmilzt. Was ist „Statistik" in diesen Dingen! Wir haben für Erde und Sonne vielleicht ein Paar Millionen Jahre, in denen so etwas nicht geschehen ist: es beweist gar nichts. – Zur Vernatürlichung des Menschen gehört die Bereitschaft auf das absolut Plötzliche und Durchkreuzende.*

Bart. An ihren Bärten werdet ihr sie erkennen. Auf jeden Fall Nietzsche, denn oft dient einzig sein Walrossbart als Logo für den Philosophen. Das Gesicht versinkt geradezu wie eine Düne hinter Ginstergebüsch. Das 19. Jahrhundert war ein Jahrhundert der Bärte und damit der Männlichkeit. Wie Alberto Savinio (1891–1952) schreibt: *Viele halten noch immer Behaarung für ein Zeugnis von Männlichkeit, und Männlichkeit ist eine der größten Ambitionen des Mannes.* Dann zählt der italienische Autor die imposanten Bärte seiner Kindheit auf: *Mosesbärte und Satyr-*

Radierung von Hans Olde, 1899

bärte, Prahlhansbärte und Mazzinibärte, diplomatische Fräsen und militärische Quadratbärte, gehorsame Bärte in Weidenrutenform und stolze, auseinanderstrebende Bärte. Paul Stephan hat eine Barttheorie entwickelt, in die er auch Nietzsches Bart einordnet. Für ihn ist er ein, vielleicht auch ironisches, Zitat von Bismarcks Walrossbart, der einzige, der vergleichbar wäre. Möglicherweise ließ Nietzsche ihn sprießen, weil er sich mit einem polnischen Freiheitskämpfer identifizierte. Später, als Nietzsche zum Pflegefall wurde, wuchs der Bart weiter und überwucherte den Mund. Vielleicht war dies Absicht von Mutter und Schwester, damit nicht zu sehr sichtbar würde, dass Nietzsche keine Kontrolle mehr über sein unteres Gesicht hatte. Eine weitere Hypothese: Sollte Nietzsche mit Quecksilber gegen Syphilis behandelt worden sein, so könnte dies seine Zähne schwarz gefärbt haben - wie bei Oscar Wilde. Der Bart hätte dies verdeckt. Savinio: *Das Problem der Haare und des Bartes bleibt dunkel.*

Chemie. Seinem Freund Erwin Rohde schlägt er im Januar 1869 vor, *gemeinsam Chemie zu studiren und die Philologie dorthin zu werfen, wohin sie gehört, zum Urväter-hausrath.* Zuvor hat Nietzsche immer wieder Ansätze, sich auf die Naturwissenschaften zu werfen, denn er weiß, dass er hier zu wenig weiß.

DDR. Henry L. Mencken, der amerikanische Kritiker, verteidigte Nietzsche während des Ersten Weltkriegs, als man diesen im Westen für den Krieg verantwortlich machte - was ja auch die Meinung seiner Schwester Elisabeth war, die eigens Feldausgaben von *Zarathustra* in das Schlachten schickte und ihres Bruders *kriegerische Philosophie* in gut 60 Artikeln verbreitete. Mencken wurde anonym beschuldigt, ein *Freund von Nitzky, dem deutschen Monster* zu sein, woraufhin man ihn geheimdienstlich beobachtete. Ähnlich erging es Intellektuellen in der DDR, die sich für Nietzsche interessierten oder gar stark machten, nachdem Georg Lukács in *Die Zerstörung der Vernunft* (1954) den Philosophen - zusammen mit Sigmund Freud - als Vorreiter des Faschismus ein für alle Mal vom Tisch gefegt hatte. Auch bei der beobachtenden Stasi durchläuft Nietzsche orthographische Mutationen: In den Berichten heißt er *Nüsche* oder *Niete* und aus *Zarathustra* wird *Sarah Tustra.* Nietzsche war ein unliebsamer Geist, seine Werke waren manchmal zugänglich, manchmal im Giftschrank. Im Untergrund las man ihn jedoch, man traf sich mit Rotwein am Grab in Röcken und diskutierte ihn in kleinen Kreisen im Raum Halle -

Nietzsches Geburtshaus und die Kirche in Röcken

Merseburg - Leipzig. Oft sind es kirchliche Gruppen, die sich für den Kritiker des Christentums besonders interessieren, etwa Studenten um den damaligen Hochschulpfarrer Friedrich Schorlemmer oder um den Theologen Reiner Bohley. In Tautenburg, wo Nietzsche einen dreiwöchigen intellektuell-erotischen Höhepunkt mit Lou Salomé erlebte, stritt man sich um eine Gedenktafel. In Röcken war die Stasi mit von der Partie, wenn der Dichter Rolf Schilling am Grab rezitierte. Dessen Chauffeur war von Beruf Zauberkünstler, aber gleichzeitig IM. Es gibt den Bericht, dass zwischen Dorfschule und Grabgelände eine Mauer geschlossen wurde, damit die armen Schulkinder sich nicht Gedanken über Besucher aus dem kapitalistischen Ausland machen müssen, denn Japaner, Italiener oder Amerikaner durften schon einmal vorbeischauen. Der zuständige Hauptmann berichtete pflichtschuldigst, doch bekommt man den Eindruck, dass er allmählich mit diesem Nietzsche zu sympathisieren begann. Grab und Geburtshaus durften weiter besucht werden, Inge und Walter Jens kamen, Franz Fühmann, der Politologe Wilhelm Hennies und viele andere. Manchmal wurden Schulkinder angehalten, die Autonummern zu notieren, ohne dass dies jedoch zu Konsequenzen führte. Nach der Wende mussten wiederum eingekratzte Hakenkreuze vom Grab entfernt werden.

In Leipzig dozierte derweil Ernst Bloch, der durchaus Sympathien für Nietzsche hegte, doch 1961 nach Tübingen auswanderte. Sein Schüler Jürgen Teller aber blieb weiter tätig und bemühte sich etwa in Weimar um die Gedenkstätte. Aus dem Kreis um Bloch erwuchs auch Nietzsches größter Feind: Wolfgang Harich. Harich, ein fortschrittlicher, antidogmatischer Marxist der frühen DDR, wurde durch acht Jahre Zuchthaus in Bautzen vom Paulus zum Saulus. Früher hatte er Nietzsche verehrt, jetzt verfolgte er ihn gnadenlos. Er war für ihn jetzt derböseste Denker überhaupt, der ja in seinen Spätwerken die Vernichtung der Schwachen und Kranken gefordert hatte. Das war ohne Zweifel faschistoid. In Briefen an Minister und Kulturbeamte forderte Harich, der ansonsten sehr fortschrittliche Ansichten etwa über Ökologie hatte, die totale Auslöschung der Erinnerung an Nietzsche. Er versuchte die Regierenden davon abzubringen, Nietzsche so wie Friedrich II. oder Bismarck zum sozialistischen Erbe zu deklarieren und verlangte, man solle bis 1994, wenn Nietzsches 150. Geburtstag anstände, sein Grab in Röcken einebnen. Harichs Attacken führten zum letzten intellektuellen Streit in der DDR. Ein Jahr nach Nietzsches Einhundertfünfzigstem starb Harich. Das Grab lebte weiter, die DDR nicht. Skeptisch war Harich auch gegenüber der Tatsache, dass der

Staat zwei Italienern Zutritt zum Weimarer Archiv gewährte. Giorgio Colli und Mazzino Montinari edierten die kritische Gesamtausgabe der Werke und Briefe und bereinigten die Texte von den Manipulationen der Schwester Elisabeth. Sie waren Mitglieder der KPI, aber lasen Nietzsche ganz anders als Lukács oder Harich: als guten Europäer, als Kulturkritiker und genialen Psychologen. Der immens fleißige Montinari ging jahrelang ins Weimarer Archiv und wurde von der Stasi weitgehend in Ruhe gelassen. Der zuständige IM sympathisierte sogar mit dem Italiener, weil dieser den Nazis ihren Nietzsche wegnahm, *die einen Nitzsche* [sic!] *zurecht gemacht haben, der ihnen in den Streifen paßte*.

Er liest Dostojewski. Russische Autoren, die Nietzsche gerne las, waren Iwan S. Turgenjew oder Nikolai W. Gogol. Aber seine große Entdeckung in späten Jahren wurde Fjodor M. Dostojewski. 1887 stieß er auf ein Werk des Russen in einem Buchladen in Nizza, so zufällig wie er einst Schopenhauer in Leipzig entdeckt hatte. Das Buch hieß *Aufzeichnungen aus einem Kellerloch,* in dem er sogleich eine tiefe Verwandtschaft verspürte. Danach las er *Aufzeichnungen aus einem Totenhaus, Erniedrigte und Beleidigte* sowie möglicherweise *Die Dämonen*. Und von *Schuld und Sühne* wie auch von *Der Idiot* muss er zumindest gehört haben. All diese Bücher las er auf Französisch, weil er der deutschen Übersetzung misstraute. In Briefen spricht er von dem Geniestreich der Psychologie, der sich in diesem Autor äußere, von einer Art unbekannter Musik. Dostojewski ist für ihn der einzige, der das Christentum psychologisch verstanden hat, denn er kann sich in das Böse und die Bösen hineinversetzen. Und über den Werken beider schwebt das große Fragezeichen: Wie leben in einer

Welt, die Gott getötet hat? Dostojewski *gehört zu den schönsten Glücksfällen meines Lebens,* schreibt er in *Götzen-Dämmerung.*

Frankenstein. Wohl nicht Victor, denn das Buch von Mary Godwin erschien etwa ein halbes Jahrhundert zuvor. Aber vielleicht ist der Schöpfer des Monsters auch unsterblich, denn im Oktober 1864 schreibt Nietzsche, der Student, aus Bonn nach Hause: *Neulich habe ich zufällig zu meiner größten Freude den lieben Baron von Frankenstein getroffen und ihn auf ein paar Stunden im Hotel Kley besucht. Er ist ganz derselbe liebenswürdige Mensch wie ehemals und erkundigte sich lebhaft nach Euch und den Naumburger Verhältnissen.* Auch später trifft er öfter mit Frankenstein zusammen. Noch näher kommt er allerdings der Urheberin der Geschichte um den ersten künstlichen Menschen, als sein erstes Buch, *Die Geburt der Tragödie aus dem Geiste der Musik* (1872), ins Französische übersetzt wird. Die Übersetzerin ist eine Wagner-Verehrerin aus Genf, *die Gräfin Diodati,* vermutlich Amélie Diodati-Plantamour (1842–1927). *Die gute Gräfin Diodati übersetzt kräftig darauf los, Gott und der französische Sprachgenius möge sie in Schutz nehmen,* schreibt er 1872. Diodati hatte zuvor Robert Schumanns Schriften ins Französische übersetzt, Nietzsche fühlte sich in bester Gesellschaft.

Die Gräfin bewohnte die berühmte Villa Diodati am Genfer See. Dort wurde eine lange Tradition zur britischen Kultur gepflegt. John Milton hielt sich hier auf seiner Italienreise auf und vor allem trafen sich hier die britischen Romantiker um Byron und Shelley im Jahre 1816 zu einem legendären Gespenster-Workshop. Es war das Jahr ohne Sommer, das Wetter war nass und kalt und man beschloss sich die Zeit mit dem Erzählen und Erfinden von Gespenstergeschichten zu vertreiben. Dies aber war die Stunde der 18-jährigen Mary Godwin, nach ihrer Heirat Mary Shelley, die hier ihren Roman *Frankenstein, or the Modern Prometheus* niederschrieb. Nietzsche scheint die Villa 1876 besucht zu haben und er nannte sie *Byrons Villa*. Ob er die Verbindung zu seinem lieben Baron hergestellt hat, ist unbekannt. Die Übersetzung seines Buches über die Tragödie soll bis zur Hälfte fertig gewesen sein, ging aber verloren. 1876 vermeldet Nietzsche, die Gräfin Diodati sei im Irrenhaus. Transhumanisten können in Frankensteins Monster die Ankündigung des Übermenschen erkennen. Er scheiterte fürchterlich.

Grabplatte. Nachdem Nietzsche Teil IV von *Zarathustra* geschrieben hat, gewinnt er einen Prozess gegen den Verleger Schmeitzner. Mit einem Teil des Geldes bezahlt er die Grabplatte für Vater und Bruder in Röcken. 1886 schreibt er an den Freund Overbeck: *Ich habe, als erste Verwendung der Schmeitz-*

Philosophe en famille

nerschen Gelder, das Grab meines Vaters mit einer großen Marmorplatte bedecken lassen. (Es wird nach dem Wunsche meiner Mutter, einstmals auch ihr Grab sein.) Es ist allerdings keine Marmorplatte, wie man sich heute in Röcken überzeugen kann. Nietzsche wurde am 28. August 1900 neben diesem Grab beerdigt. Als die Schwester 1935 starb, legte man sie auf ihren Wunsch hin in die Mitte, so dass Nietzsches Platte nach links verschoben wurde. So wahrte sie die Deutungshoheit über Nietzsche auch über den Tod hinaus.

Heiratsanträge. Nietzsche war kein guter Antragsteller. Das betraf auch seine Heiratsanträge, von denen er zwei gegenüber Lou Salomé vorbrachte - sie wurden von ihr abgeschmettert. Bertha Rohr aus Basel tauchte kurz als Kandidatin bei ihm auf, ebenso Natalie Herzen, die Tochter Alexander Herzens - allesamt aus dem Umkreis der tüchtigen Vermittlerin Malwida von Meysenbug. Einen übereilten Antrag machte er der Schülerin des Dirigenten und Klavierlehrers Hugo Senger - er verbrachte mit beiden 1876 einige Tage in Genf. Mathilde Trampedach war von ihm beeindruckt, seinem Wissen über englische und amerikanische Literatur. Zusammen fuhr man zur Villa Diodati. Als Mathilde etwas über Freiheit sagte - die Menschen wünschen sich Freiheit, doch wissen sie nicht, wie sehr sie in ihrem Inneren befangen sind -, schaute er sie eindringlich durch seinen grünen Augenschutz hindurch an. Beim letzten Treffen spielte er bewegende Melodien auf dem Klavier vor - eine *Offenbarung seiner Seele*. Nach dieser kurzen Bekanntschaft - sie dauerte wenige Stunden - schrieb er ihr: *Nehmen Sie allen Mut Ihres Herzens zusammen, um vor der Frage nicht zu erschrecken, die ich hiermit an Sie richte: Wollen Sie meine Frau wer-*

den? Ich liebe Sie und mir ist es, als ob Sie schon zu mir gehörten. Kein Wort über das Plötzliche meiner Neigung! [...] *Wollen Sie es wagen, mit mir zusammen zu gehen, als mit einem, der recht herzlich nach Befreiung und Besserwerden strebt? Auf alle Pfade des Lebens und Denkens?* Mathilde lehnte ab, Nietzsche entschuldigte sich höflich in einem Brief. Eine *Conventionsehe* kam für ihn jetzt nicht mehr in Frage, man müsse sich selbst treu bleiben können in einer Ehe. Mathilde aber heiratete drei Jahre später ihren Klavierlehrer Hugo Senger.

Ignoranz. Man hält Nietzsche für ein Genie, aber auch hier gilt die Eisbergtheorie, die Hemingway einst für das Erzählen aufstellte: Ein Eisberg ist nur zu 20 Prozent sichtbar. Der Philosoph mag zu 20 Prozent geniale Gedanken gehabt haben, der Rest ist unter der Sichtbarkeit - und oft auch unter der Gürtellinie. Seine Ignoranz in vielen Dingen führte ihn zu ungerechten Urteilen, teils über Gruppen oder ganze Völker - wie über Engländer, Juden und Deutsche. Das ist längst erforscht. Aber er war auch ignorant, was die engsten Familienverhältnisse anging. Am 31. Januar 1872 gratuliert er seiner Mutter zum Geburtstag und schreibt: *Es fehlt mir augenblicklich an Zeit, auszurechnen, der wievielte Geburtstag es eigentlich ist, den Du feierst. Ist es eine mäßige Annahme, wenn ich mir einbilde, daß Du bald an die Mitte Deines Lebens kommen wirst, oder wie scheint es Dir?* Mit der angehängten Frage versucht er, sein Unwissen oder seine Faulheit nachzurechnen mit Pseudo-Interesse zu kaschieren. Aber wehe, wenn Trägheit und mangelnde Empathie sich in die philosophischen Werke schleichen! Nachhilfe: Am 2. Februar 1872 wurde Franziska 46 Jahre alt.

***Jüdischer Emigrant* gibt Nietzsche in Großbritannien heraus.** Oscar Levy (1867–1946), ein aus Pommern gebürtiger Mediziner, verließ 1892 das chauvinistische Deutschland, um sich in England niederzulassen. Dort wurde er zu einem Verfechter der Ideen Nietzsches und gab von 1909 bis 1913 Nietzsches Werke auf Englisch in 18 Bänden heraus. Eine Meisterleistung, die auch wegen ihrer Sprache gewürdigt wurde. Dann brach der Krieg aus, Nietzsche wurde von seiner Schwester, den Deutschen und den Alliierten zum Kriegsphilosophen stilisiert. Oscar Levy war einer der wenigen, die ihn im Ausland verteidigten – etwa neben John Cowper Powys. Doch 1915 musste er das Land verlassen, ging in die Schweiz, wurde staatenlos wie Nietzsche, lebte in Frankreich, befreundete sich mit Heinrich Mann und Ernst Toller und ging zum dritten Mal ins Exil, wieder nach England, im Jahre 1938. Sir Arthur Conan Doyle und George Bernard Shaw gehörten zu denen, die sich zuvor für sein Bleiben in England eingesetzt hatten. In seinen Schriften fand er sich zwischen allen Stühlen wieder, christlichen wie jüdischen, bekämpfte Ideologien wie Nationalismus und Bolschewismus – gegen letzteren sah er zeitweise Mussolini als Mitkämpfer – und schrieb immer wieder über den Philosophen, der genauso zwischen allen Stühlen saß und damit das Schicksal aller Nomaden des Geistes erfuhr.

Keller, Gottfried. Nietzsche rechnete Kellers *Die Leute von Seldwyla* zu den besten Büchern der deutschsprachigen Literatur – neben Goethe natürlich, dessen *Gesprächen mit Eckermann*, Adalbert Stifters *Nachsommer* und Georg Christoph Lichtenbergs *Aphorismen* sowie Johann Heinrich Jung-Stillings *Lebensgeschichte*. So schickte er ihm seine Schriften zu, etwa *Die fröhliche Wissenschaft*. Der Schweizer bedankte sich artig, habe es schon überflogen, aber sei noch *im Zustand einer alten Drossel, die im Walde von allen Zweigen die Schlinge herabhängen sieht, in welche sie den Hals stecken soll*. Keller war Nietzsche gegenüber skeptisch und hatte ihn privat einmal als *Spekulierburschen* mit *Großmannssucht* bezeichnet und hielt ihn für einen *Erz- und Kardinalphilister; denn nur solche pflegen in der Jugend so mit den Hufen auszuschlagen*. Nietzsche bewunderte Keller weiterhin und besuchte ihn 1884 in Zürich. Während er sich nachher über Kellers mündliches Deutsch entsetzt

Einer der Ersatzväter: Arthur Schopenhauer (1788–1860)

zeigte, meinte Keller trocken in einem Brief: *Ich glaube, dä Kerl ischt verruckt.*

Leiden des jungen Werther. Nietzsche lernte in Basel Charlotte Kestner kennen - die alte Dame (1788–1877) war die Tochter von Johann Christian und Charlotte Kestner, geb. Buff. Charlotte Buff war bekannt als jene sagenumwobene Lotte, die der junge Goethe verehrte und die er in *Die Leiden des jungen Werther* verewigte. Im Juli 1872 wurde Nietzsche von der Baslerin eingeladen, wobei man anscheinend Unveröffentlichtes von Goethe las. Sie wiederum schrieb in einem Brief, *der vortreffliche Nietzsche verliert sich oder seinen Kopf über Rich. Wagner. Er ist verreißt, um mit dem Angebeteten in Italien zu seyn. Beyde beten miteinander Schopenhauer an*. Sie schätzte Nietzsche jedoch sehr, denn sie schenkte ihm Briefe von Goethe: *Von Frl. Kestner (der Tochter Lotte's) habe ich Goethesche Briefe (originaliter) geschenkt bekommen*, schrieb er im August 1872 an einen Freund.

Mussolini schickt eine Statue nach Weimar. Elisabeth Förster-Nietzsche verehrte Benito Mussolini. Er hatte sich schon vor dem Ersten Weltkrieg, als er noch Marxist war, mit Nietzsche beschäftigt. Der Wille zur Macht faszinierte ihn wörtlich und so wurde Nietzsche zum geistigen Wegbereiter des Faschisten. Wie Nietzsche sah er im Krieg und im gefährlichen Leben stimulierende Erfahrungen, die die Menschheit vorwärtsbringen würden. Das Nietzsche-Archiv in Weimar, unter der Leitung von Elisabeth, bezeichnete 1933 Mussolini als den *geniale*[n] *Wiedererwecker aristokratischer Werte in Nietzsches Geist*, und Elisabeth fand in ihrem *lieben Freund Mussolini* den Trost ihres Alters, wie Harry Graf Kessler notierte. Dieser Kessler, ein liberaler Diplomat und Schriftsteller, gehörte zu den Gründern des Archivs seit 1896, verließ jedoch das Gremium in den 1920ern, weil Elisabeth sich zunehmend den Faschisten zuneigte. Mussolini hat auf jeden Fall Nietzsche intensiver studiert als Hitler, der über Schlagworte nicht hinausgekommen ist. Seit 1925 gab es Kontakte des Archivs zu Mussolini, der auch Geld spendete. Im Gegenzug wurde 1932 ein Napoleon-Drama des Duce in Weimar aufgeführt, in seiner und Hitlers Anwesenheit. Die Nähe zu Mussolini veranlasste den französischen Autor und Pazifisten Romain Rolland zum Austritt aus dem Archiv: *Ich bin ein Verfechter der Ideen, die Mussolini mit Füßen tritt.* Schon vor dem Ersten Weltkrieg gab es Pläne, die Villa mit einem gigantischen olympischen Nietzsche-Festspielfeld zu verbinden. Der Krieg zerschlug diesen Traum. In den 1930ern jedoch begann man mit dem Bau einer Festhalle. Hitler unterstützte anfangs das Projekt, doch mit dem Tod Elisabeths 1935 und dem Beginn des Krieges verloren er und die Nationalsozialisten generell Interesse an Nietzsche. Die Gedenkhalle wurde nur teilweise fertiggestellt. Vorgesehen waren eine philosophische Ahnengalerie und eine Feierhalle mit einem Zarathustra-Denkmal. Über dem Eingangstor sollte stehen: FRIEDRICH NIETZSCHE ZUM GEDÄCHTNIS ERBAUT UNTER ADOLF HITLER IM VI. JAHRE DES DRITTEN REICHES.

Eine Nische musste noch gefüllt werden. Mit Hilfe von Mussolini fand man eine Notlösung. Der Duce schickte die beschädigte römische Replik einer Dionysos-Statue von Praxiteles (der bärtige Dionysos, Dionysos Sardanapal, heute zu finden im Depot des Pergamon-Museums, Inv.-Ns. L. 28). Die Versendung verzögerte sich, da im Sommer 1943 der Faschismus in Süd- und Mittelitalien zusammenbrach. Ende Januar 1944 traf jedoch die Statue ein und wurde provisorisch in der Villa *Silberblick* deponiert. Als Kultmittelpunkt sollte die Statue erst nach dem Krieg hergerichtet werden. Die Feiern zum 100. Geburtstag Nietzsches im Oktober 1944 fielen eher kläglich aus. Die unfertige Festhalle wurde in den letzten Kriegsjahren von der Wehrmacht übernommen und diente als Depot für Kunstsammlungen und den Hausrat von ausgebombten Familien. Nach dem Krieg wurde ein Funkhaus darin eingerichtet.

Novelle über Nietzsche, verfasst von seiner Schwester. Ein beschauliches Städtchen in der Biedermeierzeit, mit Kaffeekränzchen, Stadtklatsch und Heiratsdiskussionen, Weißenburg alias Weißenfels plus Naumburg. Georg Eichstedt, junger Professor der Philologie, der auf die Philosophie umsatteln will: Mitte dreißig und noch nicht verheiratet? Wie peinlich, hier muss was geschehen, doch er sträubt sich. Ebenso seine Verehrerin, die jung verwitwete Nora Werner. Dazwischen eine wahre Teufelin, eine Halbpolin: dünne Taille, hochgewölbter Busen wie ihre polnische Mutter, dazu ein roter aufgeworfener Mund, gelber Teint, rotbraune Haare, fixierende Augen und die Kunst, *trotz diesem ziemlich häßlichen Äußeren Männer anzuziehen*. In der Kleinstadt gilt sie mit ihrer *geistreichen Häßlichkeit* als *enormer Freigeist*.

Aber es wird zum guten Ende kommen, Nora und Georg werden es schaffen und ein Körbchen mit Erdbeeren bleibt zurück. Eine hoch inzestuös angehauchte Schmonzette um Lou Salomé, Friedrich und Elisabeth … und immerhin eine der ersten literarischen Gestaltungen von Nietzsches Leben. Es sollten noch viele von anderen folgen.

Nachzulesen in Carol Diethe, *Nietzsches Schwester und Der Wille zur Macht …*

Dicke Freunde 1871 (Rohde, Gersdorff, N.)

Orte. Im Juli 1881 schreibt Nietzsche seiner Schwester über Orte, an denen er wohnen oder nicht wohnen könnte: *Aber mit den Orten ist es bei mir ein reines Experimentieren, an den meisten gehe ich zu Grunde.* Es gäbe nur wenige Orte, die seiner Natur entsprächen, sie müssten die richtige atmosphärische Elektrizität haben. Orte zum Zugrundegehen: Basel, Naumburg, Genf, Baden-Baden, fast alle Gebirgsorte, Marienbad, die italienischen Seen ... Im Winter müsste er ans Meer (Genua, Nizza, Sorrent). Schließlich aber habe er jetzt Sils-Maria gefunden: *Hier im Engadin ist mir bei weitem am wohlsten.* Und an welche Orte könnte es noch gehen? Er hat sie nur erträumt: Die Hochebenen Mexikos auf der Seite des Stillen Ozeans. *Murcia oder Barcellona* [sic!]*: 220 wolkenleere Tage im Jahre!* Ajaccio auf Korsika. Und Japan: Wäre er gesünder, so würde er nach Japan übersiedeln (Dezember 1885). Selbst Paraguay ist nicht ausgeschlossen, wohin ihn die ausgewanderte Schwester ziehen will. Näher an den Möglichkeiten ist Paris - zum Studium mit seinem Freund Erwin Rohde (6. August 1868): *Nachher sei es jedem von uns gestattet, auf einer beliebigen Universität beliebige Irrlehren in beliebige „milchsaugende" Seelen zu streuen. Vorher aber lernen wir noch die göttliche Kraft des Cancan und üben uns, „gelbes Gift" zu trinken, um später würdig an der Spitze der Civilisation marschiren zu können.*

Immer waren es das Wetter, das Klima, die Luftfeuchtigkeit, die Winde, die Sonne, ja die Elektrizität, die seine Reisen und Aufenthalte lenkten: *In Paris ist eine Ausstellung für Electricität: ich sollte eigentlich dort sein, als Ausstellungsstück,* schreibt er 1881.

Post. Zum 100. Todestag im Jahre 2000 bringt die Deutsche Bundespost eine Briefmarke mit Nietzsches

Von Edvard Munch gezeichnet, um 1905

Porträt von Edvard Munch heraus. Der Wert ist 110 Pfennige.

Quarantäne. 1886 wollte er seinen Freund Köselitz in Venedig besuchen, doch im April standen Besucher unter Quarantäne wegen eines Cholera-Ausbruchs. Im September war es nicht besser geworden: *Die Cholera in Italien schließt mich auch von Corsika ab: die Inseln sind wie toll vor Angst.*

Russland. Während des Krimkriegs 1853 bis 1856 zwischen Russland und der Türkei sowie mit den westlichen Mächten nahm der junge Nietzsche mit seiner Schwester Partei für Russland - man spielte den Krieg mit Bleifiguren nach. Die beiden machten Kriegslisten, rüsteten auf mit Bleikugeln und Feuer, erstellten ein Orakel und planten sogar, ein militärisches Lexikon zu schreiben, wie Elisabeth sich erinnert. Als Friedrich hörte, dass Sewastopol gefallen sei, war er so getroffen, dass er sein Mittagessen ausfallen ließ. Kontakte zu Russland kamen vor allem über die St. Petersburgerin Lou Salomé und später durch den dänischen Literaturhistoriker Georg Brandes, der Nietzsche zum ersten Mal über die Grenzen hinaus bekannt machte und ihn mit August Strindberg in Verbindung brachte. Zina von Mansuroff, eine Hofdame der russischen Kaiserin, war immer wieder Tischnachbarin Nietzsches in Sils-Maria. Seine mütterliche Freundin, Malwida von Meysenbug, pflegte einen engen Kontakt zu dem russischen Autor und Emigranten Alexander Herzen, dessen Lebenserinnerungen Nietzsche seinen Freunden wärmstens empfahl. Kurzzeitig kam der Gedanke auf, er könnte dessen Tochter Natalie vielleicht ehelichen. Er war stolz auf seine Leser in Russland, und doch war er dort von 1888 bis 1898 verboten, denn er galt als Antichrist. 1888 schickte er einer russischen Prinzessin sein Buch *Der Fall Wagner* mit einer Widmung des „Antichristen“. Sie war schockiert, aber las es trotzdem. 1879 schreibt er:

In Russland giebt es eine Auswanderung der Intelligenz: man geht über die Gränze, um gute Bücher zu lesen und zu schreiben. So wirkt man aber dahin, das vom Geiste verlassene Vaterland immer mehr zum vorgestreckten Rachen Asiens zu machen, der das kleine Europa verschlingen möchte.

1886 spricht er von dem *ungeheuren Zwischenreiche, wo Europa gleichsam nach Asien zurückfliesst, Russland. Da ist die Kraft zu wollen seit langem zurückgelegt und aufgespeichert, da wartet der Wille – ungewiss, ob als Wille der Verneinung oder der Bejahung – in bedrohlicher Weise darauf, ausgelöst zu werden* [...].

Zwei Jahre später erscheint ihm Russland als *die einzige Macht, die heute Dauer im Leibe hat, die warten kann, die Etwas noch versprechen kann, – Russland der Gegensatz-Begriff zu der erbärmlichen europäischen Kleinstaaterei und Nervosität, die mit der Gründung des deutschen Reichs in einen kritischen Zustand eingetreten ist* […] *Der ganze Westen hat jene Instinkte nicht mehr, aus denen Institutionen wachsen, aus denen Zukunft wächst: seinem „modernen Geiste" geht vielleicht Nichts so sehr wider den Strich.*

Schnupftabak. Malwida von Meysenbug – in Rom lebende deutsche Emigrantin, liberale Feministin und Pazifistin, die unter anderem die Tochter des russischen Philosophen Alexander Herzen als Pflegetochter betreute – hatte er im Umkreis von Wagner kennengelernt, den sie heiß verehrte. Sie sah sich gern als Heilerin und Ärztin des so leidenden Nietzsche, ließ ihm Fußbäder machen oder verabreichte ihm Brompulver und kümmerte sich um die Regelung seiner Lebensführung. Einmal versuchte sie auch eine Schnupftabakkur, *damit die Krankheit von allen Seiten angegriffen werde*. Und Nietzsche nieste nicht!

Träume. 1876 schreibt Nietzsche an Cosima Wagner: *Fast alle Nächte verkehre ich im Traume mit längstvergessenen Menschen, ja vornehmlich mit Todten. Kindheit, Knaben- und Schulzeit sind mir ganz gegenwärtig.* Träume sind ihm seit jungen Jahren wichtig. 1850 träumt ihm, dass sein Vater – er war kurz zuvor gestorben – aus seinem Grab stiege und in die Kirche ginge. Als er zurückgekommen sei, habe er ein Kindlein im Arm getragen und es mit in den Grabhügel genommen. Am nächsten Tag starb der kleine Joseph Nietzsche, keine zwei Jahre alt. Dieser Traum sollte Nietzsche sein Leben lang begleiten, auch als schlechtes Gewissen: als habe er den Tod seines Brüderchens herbeigeträumt.

Ein weiterer Traum, den er in einem seiner ersten Wahnsinnsbriefe (6. Januar 1889) an den väterlichen Freund und Basler Gelehrten Jacob Burckhardt schrieb: *In diesem Herbst war ich, so gering gekleidet als möglich, zwei Mal bei meinem Begräbnisse zugegen ...* Aus dieser Vision, die vielleicht gar kein Traum war, sondern Einbildung, entstand in Röcken das Werk des Hallenser Künstlers Klaus F. Messerschmidt, gemacht aus vier Bronzefiguren. Unter dem Titel *Röckener Bacchanal* sind sie an Nietzsches Geburtsort zu sehen: zweimal ein kaum bekleideter Nietzsche, der dritte Nietzsche in Begleitung seiner Mutter nach einem berühmten Foto der beiden aus der Naumburger Zeit, als sie den Sohn pflegte.

Aber Träume können auch der Bewusstseinserweiterung dienen: *Es giebt Fälle, wo Träume den Kreis unserer Erfahrung wirklich bereichern: wer wüsste, ohne Träume, wie es einem Schwebenden zu Muthe ist?*

Unsittlich. Im Jahre 1951 erschien ein merkwürdiges Buch auf Englisch: *My Sister and I.* Friedrich Nietzsche wird als Autor genannt, Oscar Levy als Übersetzer. Nietzsche soll es in der Jenenser Heilanstalt geschrieben, ein Mitinsasse soll es hinausgeschmuggelt, und so soll das Manuskript seinen Weg nach Kanada gefunden haben. Es geriet in die Hände eines Ex-Priesters, der ... und so weiter, bis es in englischer Übersetzung erschien. In dem Buch schildert Nietzsche sehr explizit sein angeblich inzestuöses Verhältnis zu Elisabeth. Der Streit, ob es sich um eine Fälschung handelt, aufgeschrieben von einem Nietzsche-Kenner für einen Verlag, der in Erotica handelte, oder ob Nietzsche in Jena, nach seinem Zusammenbruch, noch solche Texte im Stil eines *Ecce Homo* schreiben konnte, tobt bis in die Gegenwart. Weder die akademische Nietzsche-Forschung noch die Biographen von Elisabeth Förster-Nietzsche haben die Frage ernst genommen und das Werk meist verschwiegen, es war einfach zu peinlich. Angeblich hat ein Autor namens Plotkin schriftlich seine Fälschung bestätigt, doch das Schriftstück tauchte nicht auf. Eingemischt in die Debatte haben sich Thomas Mann, Ludwig Marcuse, Walter Kaufmann und die Tochter von Levy – alle hielten es für gefälscht; auf der anderen Seite Wilhelm Reich und der Germanist Walter K. Stewart, die an zumindest authentische Teile glauben. Eine deutsche Version wurde 1993 angekündigt, aber wieder zurückgezogen. Dafür ist das Buch auf Spanisch, Chinesisch, Japanisch und Portugiesisch erschienen. Der hebräische Herausgeber spricht von *Nietzsche contra Nietzsche*.

Verleger. Nietzsches zeitweiser Verleger war Ernst Schmeitzner, 1851 geboren, später verschollen. Er gehörte zu den radikalen Antisemiten und unterstützte Bernhard Förster in seiner antisemitischen Petition. Nietzsche wollte seinen *Zarathustra* bei Schmeitzner erscheinen lassen, doch verzögerte sich zu seinem Ärger die Publikation, weil der Verleger zunächst *eine halbe Million christlicher Gesangbücher* und antisemitischer Pamphlete drucken ließ. Später führte Nietzsche einen letztlich erfolgreichen Prozess gegen Schmeitzner, der ihm Geld schuldete. *Schmeitzner wandte sich der naturgemäßen Lebensweise zu, wurde Anhänger der natürlichen Heilkunde von Julius Hensel und vermarktete dessen „Physiologisches Brot" ab 1893 in Chemnitz. 1895 verließ Schmeitzner Chemnitz und ging nach Leipzig oder Berlin, womit sich seine Spur verliert.*

Wagner, Richard. Bekannt ist Nietzsches Verhältnis zu Wagner: vom tief beglückten Verehrenden

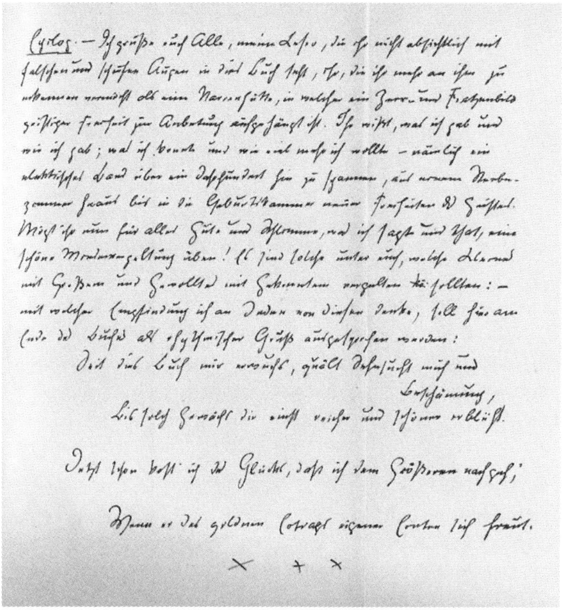

Ursprünglich geplanter Epilog zu
Menschliches, Allzumenschliches

und liebenden Apostel des Musikfürsten zum bösen Verächter und Vatermörder – siehe das Spätwerk *Der Fall Wagner*. Hier ein signifikanter Ausschnitt, ein schönes Albumbild für die Zeit der Verehrung. Nietzsche war gerade Professor in Basel geworden und Wagner lebte mit Cosima am Vierwaldstätter See – der Beginn wunderbarer Besuche für Nietzsche. Am 15. Oktober 1872, seinem 28. Geburtstags, schreibt er an den Meister aus Basel: *Habe ich Ihnen schon erzählt, dass ich die Stelle wiedergefunden habe, die Sie damals componirten, als ich 1869 im Mai meinen ersten Besuch bei Ihnen in Tribschen machte? Es war ein schwüler, brütender und üppiger Maien-Pfingstsonnabend; alles wuchs rings und duftete. Ich wagte lange nicht ins Haus zu gehen, sondern wartete etwas versteckt unter den Bäumen, gerade vor den Fenstern, aus denen mit größter Eindringlichkeit oft wiederholte Accordfolgen ertönten. Ich will schwören, es sei die Stelle gewesen*

„Verwundet hat mich, der mich erweckt!“

Die Klänge sind mit Erz mir ins Gedächtnis geschrieben, und lange spielte und sang ich sie mir vor, bevor ich den Siegfried in die Hände bekam; sie schienen mir so viel zu sagen.

Mir scheint, der kurze Vers fasst die Beziehung Nietzsches zu Wagner auf merkwürdige Weise zusammen.

X-Files. Leipzig war um 1880 ein Zentrum des Okkultismus, sozusagen die Hauptstadt der Vierten Dimension. Bis in die strengen Wissenschaften hinein machte sich das fühlbar. Große Gelehrte wie Wilhelm Wundt, Gustav Theodor Fechner oder der Astrophysiker Karl Friedrich Zöllner studierten mit wissenschaftlichen Methoden die Zauberkünste, die bestimmte Talente vorführten, oder die Kommunikationen mit dem Jenseits, die sich in Geistersitzungen einstellten.

Nietzsche hegte kein Interesse an übernatürlichen und medialen Erfahrungen. Vielleicht war er zu sehr Kopfmensch, und für Sinnliches wie Übersinnliches verschlossen? Und doch nahm er einmal bei einem späteren Besuch in Leipzig an einer Séance teil. Im Oktober 1882 schreibt er an den Freund Köselitz: *Heute Abend große Hauptleistung des Leipziger Spiritism, nach Befehl der Geister: welche behaupten, diese Sitzung werde für die Geschichte des Sp*[iritismus] *sehr wichtig sein: es werde eine Persönlichkeit in Betracht kommen – Genug, ich soll dabei sein, und es giebt 6 Perso-*

nen, welche in Aufregung abwarten, was ich dazu sagen werde. Das beste „Medium“, aber hochschwanger. Heute werden die Geister „erscheinen“, z.B. „die russische Nonne“ und das „Kind“. – Zwei Ärzte sind zugegen.

Einen Tag später vermeldet er, das Ganze sei ein großer Bluff gewesen, *der Spiritism ist eine erbärmliche Betrügerei, welche nach der ersten halben Stunde langweilt.* Zöllner, den er zuvor geschätzt hatte und der inzwischen gestorben war, hatte sich durch dieses Medium täuschen lassen wie auch durch den berüchtigten Henry Slade, der auf der Flucht aus Großbritannien in Leipzig gelandet war und dort einige Zaubereien in der Vierten Dimension vorgeführt hatte. Sir Arthur Conan Doyle verteidigte ihn in einem Buch über den Spiritismus. Nichts für Nietzsche, diese Mode der Zeit, keine Akte X! Er hatte seinen eigenen Spiritismus, sein Geist floss aus anderen Quellen.

Yalom, Irvin D. Gut, dass es ihn gibt, diesen amerikanischen Psychiater und Autor, sonst hätte ich ein Problem mit diesem Buchstaben. Yacht? Yvonne? Yaloms Buch *Und Nietzsche weinte* (engl. 1992) ist einer von mehreren philosophischen Romanen, die er schrieb und die Bestseller wurden: *Die Schopenhauer-Kur* (2005) und *Das Spinoza-Problem* (2012). Yalom erfand die Geschichte um Lou Salomé, die nach Wien zum Lehrer Freuds reist, Josef Breuer. Sie bittet diesen, ihren Freund Nietzsche zu heilen, der körperlich so leide. Die Behandlung wird zu einem interessanten Wechselspiel, in dem bald gar nicht mehr klar ist, wer der Patient und wer der Therapeut ist. Beste Vorlage für einen ebenso populären Film. Nietzsche war zwar nie mit Breuer zusammen, aber er erhielt 1883 in Nizza Besuch von einem Freund Sigmund Freuds, Josef Paneth. Der Wiener

Jude diskutierte mit Nietzsche über Psychologie, Naturwissenschaft und Judentum/Antisemitismus. Lou Andreas-Salomé sollte tatsächlich bei Freud studieren, sich mit ihm und seiner Tochter Anna befreunden und ab 1915 eine eigene psychoanalytische Praxis in Göttingen aufmachen. Als ich 2019 *101 Briefe an Friedrich Nietzsche zu seinem 175. Geburtstag* aus der ganzen Welt einsammelte, fragte ich auch Yalom, ob er einen solchen Brief schreiben würde. Die Antwort aus Palo Alto war kurz und prompt: *sorry – but i've written a whole book on him – feel free to select a sentence – irv yalom.* Where there is a y …

Zarathustra. Buchtitel, die sich auf *Also sprach Zarathustra* beziehen: *Also schwieg Zarathustra. Zarathustras Ende. Zarathustras Geheimnis. Also sprach Sarah Tustra. Zarathustras Wiederkehr. Zarathustra im Fegefeuer. Zarathustra Stone. Zarathustra's Last Dance. Zarathustra – ein Gott der tanzen kann. Zarathustra – eine Vision. Zarathustra Contra Zarathustra. Der neue Zarathustra. Das Kamel des Zarathustra. Na also, sprach Zarathustra.*

Unwahre Geschichten, wahre Ungeschichten:

Gags, Fakes und andere Doppelgänger

Kommen wir abschließend zu den Geschichten um Nietzsche, die aus Verzerrungen, Unwissen oder Cleverness entstanden sind: Kommerzielle Gags, falsche Zitate, Doppelgängereien, wahre Ungeschichten.

Nietzsche lockt die Rehe an, wie eine Zeitung aus Gütersloh 2017 berichtete. Gemeint ist ein Kürbis, der empfohlen ist für *Suppe, Püree, Ofen, zum Dämpfen und Frittieren*. Sehr lagerfähig, Riesending, länglich, dunkelrot und an der Spitze grün. Nun gibt es also Über-Rehe in Westfalen.

Mistake or no mistake …

Da ich „Nietzsche“ bei *Google Alert* eingegeben habe, kommen neben den philosophischen Meldungen zu Nietzsche regelmäßig Angebote eines Kühlkettenverfolgungssystems namens Nietzsche, ebenso werden die Events aus der Musikbar Nietzsche in Buffalo, N.Y. gemeldet. An deren Wand hängt neben Nietzsches Porträt ein weltbekannter Spruch: *Without music life would be a mistake* (Original: *Ohne Musik wäre das Leben ein Irrtum, Götzendämmerung*, 1889), T-Shirts ohne Ende mit Antlitz und Spruch, von *A true Uebermensch* und *God is dead* bis zu *Live dangerously, Man muss das Leben tanzen* und *Buenas Nietzsches*. Oder *Ich schaute in den Abgrund, amor fati, Tatsachen gibt es nicht, nur Interpretationen* und *Nietzsche Bietzsch*! Welcher Philosoph kann da mithalten und mit seinen Texten so viele Textilien bedrucken, keine Ohr-, sondern Hemdwürmer? Und er ist Namensgeber für ein Smartphone in China, das *Nicai* heißt, eine Transkription von *Nietzsche*. Wie Andreas Urs Sommer schrieb: Nietzsche hat, ähnlich wie Schiller, mit seinen ohrwurmfähigen Zitaten in die Breite gewirkt. Die Breite hat ihn verwurstet und verbogen, Sprüche untergeschoben, verkürzt und verkleistert, *als ob der Philosoph nicht genug Zitierfähiges geschrieben hätte!* Selbst das immer wieder nachgebetete *Kunst kommt von Können. Käme es von Wollen, so hieße es Wunst*, wird auf Postkarten verbraten und stammt natürlich nicht von Nietzsche. Weitere fälschlich zugeschriebene Sprüche – Sommer hat sie gesammelt – sind: *Ziele nach dem Mond. Selbst wenn du ihn verfehlst, wirst du zwischen den Sternen landen* (Les Brown, Moderator und DJ) oder *Heute ist die Utopie vom Vormittag die Wirklichkeit vom Nachmittag* (wahrscheinlich Truman Capote). Ich würde hier eine Variante vorschlagen, die mehr in Nietzsches Sinne wäre: *Heute frisst die Wirklichkeit vom Nachmittag die Utopie vom Vormittag.*

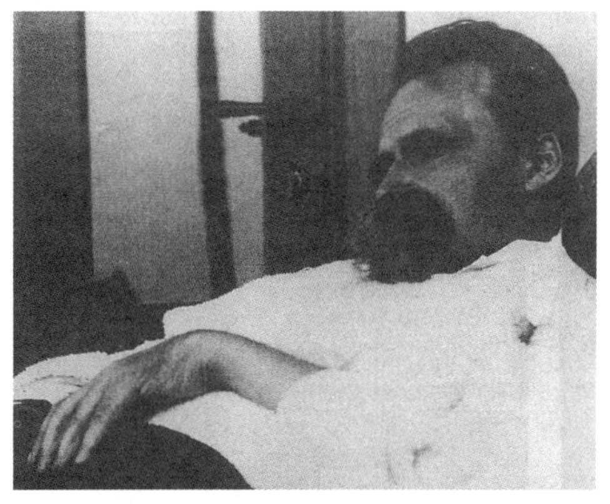

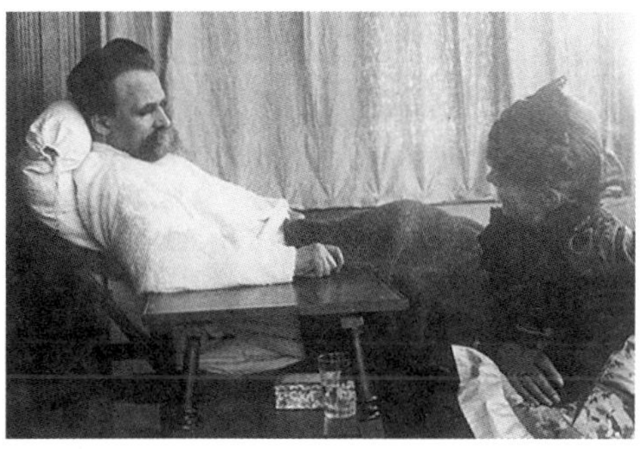

In der Weimarer Matratzengruft

Als Nietzsche in Weimar in der Obhut seiner Schwester war, wurden auch einige Fotos und Gemälde von ihm angefertigt. Man sieht den geistig abwesenden Schnauzbärtigen in ein Leinenhemd gehüllt, die Hände, die Stirn, auch teilweise die Schwester. Der Fotograf war Hans Olde, eigentlich ein impressionistischer Maler. Er machte im Juni/ Juli 1899 eine Serie von 16 Aufnahmen, die den inzwischen zur Kultfigur erstarrten Philosophen zeigen. Im Internet kursiert nun ein Video, das diese Erstarrung auflöst und Nietzsche wieder in Bewegung setzt - angeblich eine Filmaufnahme aus dieser Zeit. In Wirklichkeit ist es ein Produkt des Jahres 2000, in dem die Künstlerin Sabine Schirdewahn eine Filminstallation mit Hilfe von Schauspielern, den Fotos von Olde und unterlegten Geräuschen eines Filmprojektors erstellte. Titel: *Elisabeths Wille. Rekonstruierte Sequenzen*.

Bleiben wir im visuellen Täuschungsbereich. Das berühmte Foto von 1890, das den umnachteten Nietzsche mit seiner Mutter stehend zeigt, wobei er sie hilflos wie ein Hund anschaut, erschien in der Literaturbeilage der italienischen Zeitung *La Stampa* mit dem Titel: *Nietzsche mit seiner Frau*. Wenig später erschien es wieder, diesmal mit der Legende: *Nietzsche mit seiner Schwester*. Der italienische Philosoph Maurizio Ferraris wagt die Prophezeiung, dass eines Tages die Bildlegende *Nietzsche und seine Tochter* lauten werde. Ferraris bringt in seinem Buch *Nietzsches Gespenster* ein weiteres Foto in die Diskussion. Es zeigt einen mittelalten Mann, der starr und vielleicht zornig in die Kamera schaut und einen ausgewachsenen Schnurrbart trägt. Das Bild wird gern Nietzsche zugeschrieben, etwa wenn man bei Google Images sucht. Es zeigt allerdings Umberto I., den König von Italien. Als Nietzsche in den Wahn fiel, erscheint der König ihm in einem rosigen Licht: *Meinem geliebten Sohn Umberto Mein Friede sei mit dir! Ich komme Dienstag nach Rom und will dich neben seiner Heiligkeit dem Papst sehn*, schreibt er am 4. Januar 1889 in einem Brief.

Nietzsche macht in seiner Umnachtung aus dem väterlich-besetzten Monarchen einen Sohn und schreibt am 6. Januar 1889 an Jacob Burckhardt: *Mor-*

gen kommt mein Sohn Umberto mit der lieblichen Margherita, die ich aber auch nur hier in Hemdsärmeln empfange. Einige Monate später sollte in Neapel ein Bäcker anlässlich eines Besuches der Monarchen eine Pizza nach eben dieser lieblichen Margherita nennen.

Nietzsche musste sich überhaupt gegen verschiedene Spiegeleien und Doppelungen zur Wehr setzen und das betrifft ja vor allem seine Rezeption. Doch schon während seines Leipziger Studiums stellte er fest, dass er einen Namensvetter hatte. Was aus diesem Friedrich Nietzsche wurde, weiß keiner, auch nicht, ob er der wahre Nietzsche war.

Es gibt auch heute zumindest einen Wiedergänger: ein Mann der nur Bücher liest, die Nietzsche auch gelesen hat, der dessen Kleidung trägt, seine Brille und seinen Bart. Jorge Luis Borges hat dieses Phänomen des Sich-Hinein-Denkens in einen Autor in einer beispielhaften Erzählung ausgelotet. In *Pierre Menard, Autor des Quijote* (1939) versucht ein Franzose des 20. Jahrhunderts identisch mit Cervantes zu werden und so *Don Quijote* Wort für Wort so zu schreiben, wie wir den Text kennen. Durch diese Aktion wird der Roman jedoch zu einem ganz anderen, weil Hunderte von Jahren zwischen den beiden identischen Versionen liegen. Ich denke, Nietzsche sollte man auch in diesem Licht lesen: als einen Autor, der durch das Spiegelkabinett der Zeiten geht.

Literaturverzeichnis (Auswahl)

Andreas-Salomé, Lou: Nietzsche in seinen Werken, Frankfurt/M. 2000.

Beeching, Wilfred A.: Century of the Typewriter, Bournemouth 1974.

Benz, Ernst: Das Bild des Übermenschen in der europäischen Geistesgeschichte, in: ders. (Hg.): Der Übermensch. Eine Diskussion, Stuttgart 1961, S. 19–161.

Borchardt, Kerstin: Zwischen Helden und Schurken und anderen Übermenschen: Nietzsches mögliches und unmögliches Vermächtnis in US-amerikanischen Seriencomics, in: Becher, Dominik (Hg.): Brisantes Denken. Friedrich Nietzsche in Philosophie und Popkultur, Leipzig 2019, S. 277–297.

Braun, Stephan (Hg.): Nietzsche und die Tiere, oder: Vom Wesen des Animalischen, Würzburg 2009.

Chamberlain, Leslie: Nietzsche in Turin. The End of the Future, London 1996.

Decker, Kerstin: Die Schwester. Das Leben der Elisabeth Förster-Nietzsche, Berlin 2016.

Diethe, Carol: Nietzsches Schwester und Der Wille zur Macht. Biografie der Elisabeth-Förster-Nietzsche, Hamburg/Wien 2001.

Dwars, Jens-Fietje/Agthe, Kai: „Ich suchte meine schwerste Last, da fand ich mich." Nietzsche in Jena, Bucha 2000.

Eberwein, Dieter: Nietzsches Schreibkugel, Schauenburg 2005.

Erbsmehl, Hansdieter: „Habt Ihr noch eine Photographie von mir?" Friedrich Nietzsche in seinen fotografischen Bildnissen (Schriften zum Nietzsche-Archiv, Bd. 3), Weimar 2017.

Felsch, Philipp: Wie Nietzsche aus der Kälte kam. Geschichte einer Rettung, München 2022.

Ferraris, Maurizio: Nietzsches Gespenster. Ein menschliches und intellektuelles Abenteuer, Frankfurt/M. 2016.

Förster-Nietzsche, Elisabeth: Dr. Bernhard Förster's Kolonie Neu-Germanien in Paraguay, Berlin 1891.

Förster-Nietzsche, Elisabeth: Friedrich Nietzsche und die Frauen seiner Zeit, München 1935.

Günzel, Stephan/Schmidt-Grépaly, Rüdiger: Schreibmaschinentexte. Vollständige Edition. Faksimiles und kritischer Kommentar. Aus dem Nachlass herausgegeben, Weimar 2002.

Heise, Ulf: „Ei da ist ja auch der Herr Nietzsche!" Leipziger Werdejahre eines Philosophen, Beucha 2000.

Janz, Curt Paul: Friedrich Nietzsche. Biographie in drei Bänden, Teil I, München 1978.

Klingbeil, Julius: Enthuellungen über die Dr. Bernhard Förster'sche Ansiedelung Neu-Germanien in Paraguay. Ein Beitrag zur Geschichte unsrer gegenwärtigen colonialen Bestrebungen. Nach eigenen Erfahrungen mitgeteilt, Leipzig 1889.

Levy, Oskar: Nietzsche verstehen. Gesammelte Schriften und Briefe, Bd. 1, Berlin 2005.

Lütkehaus, Ludger: Nietzsche, die Peitsche und das Weib, Marburg 2012.

Lütkehaus, Ludger: „Vergiss die Peitsche nicht!", in: Neue Zürcher Zeitung 10.5.2013.

Macintyre, Ben: Forgotten Fatherland. The search for Elisabeth Nietzsche, London 1992.

Morgenstern, Christian: Werke und Briefe. Stuttgarter Ausgabe in 9 Bänden, hg. von Reinhardt Habel et al., Stuttgart 1987 ff.

Friedrich Nietzsche. Chronik in Bildern und Texten, hg. v. Raymond d. J. Benders und Stephan Oettermann, Weimar 2000.

Nissen, Benedikt Momme: Der Rembrandtdeutsche Julius Langbehn, Freiburg 1926.

Paul, Stephan: Bedeutende Bärte. Eine Philosophie der Gesichtsbehaarung, Berlin 2020.
Podach, Erich F.: Gestalten um Nietzsche, Weimar 1932.
Quercu, Matthias: Falsch aus der Feder geflossen. Lug, Trug und Versteckspiel in der Weltliteratur, München 1964.
Raulff, Ulrich: Das letzte Jahrhundert der Pferde. Geschichte einer Trennung, München 2015.
Ross, Werner: Der ängstliche Adler. Friedrich Nietzsches Leben, Stuttgart 1989.
Savinio, Alberto: Mein privates Lexikon, Frankfurt/M. 2005.
Schaumann, Gerhard: Tautenburg bei Jena. Kulturgeschichte einer thüringischen Sommerfrische, Bucha 1999.
Schenkel, Elmar: Katalysator, Wutkanal, Befreier. Aus der ganzen Welt pilgern Menschen zum Grab von Friedrich Nietzsche, in: Frankfurter Allgemeine Zeitung, Nr. 199, 28.8.2018, S. 12.
Schenkel, Elmar: Von Röcken in die Welt – und zurück. Nietzsche Wirkung im globalen Feld, in: Becher, Dominik (Hg.): Brisantes Denken. Friedrich Nietzsche in Philosophie und Popkultur, Leipzig 2019, S. 1–27.
Schenkel, Elmar/Hamouda, Fayçal (Hgg.): 101 Briefe an Nietzsche zu seinem 175. Geburtstag, Leipzig 2019.
Sommer, Andreas Urs: Nietzsche und die Folgen, Stuttgart [2]2019.
Steinbach, Matthias: Also sprach Sarah Tustra. Nietzsches sozialistische Irrfahrten, Halle 2020.

Abbildungsverzeichnis

Archiv des Verlags: Schutzumschlag, 2, 10, 13, 18, 20, 23, 37, 40, 43, 48, 54(2), 61, 63, 65, 66, 68, 71, 74, 76, 86, 95, 98, 103, 108, 113, 117, 119, 124, 130, 134, 138, 140, 145, 151(2), 157.

Wikimedia CC BY-SA 3.0, Castelargus: https://de.wikipedia.org/wiki/Datei:Nietzsche_Haus_SilsMaria.jpg: 93.

Ralf C. Müller: 16.

NASA: 25.

Wikimedia CC BY-SA 3.0, B.-Christoph Streckhardt: https://commons.wikimedia.org/wiki/File:Nietzsches_Schreibkugel_%22Malling_Hansen%22.jpg: 29.

Matthias Topfstedt: 70, 79, 126.

Wikimedia CC BY-SA 3.0, victorgrigas: https://commons.wikimedia.org/wiki/File:Nietzsche_mural_in_Buffalo_NY.jpg?uselang=de: 149.

Gunter Hempel

Wahre Geschichten um Sachsen-Anhalts Musikleben

ISBN 978-3-89772-089-3

80 Seiten
23 Abbildungen

Sachsen-Anhalt hat Wesentliches zum Welterbe der Musik beigesteuert. Händel stammt aus Halle, Telemann aus Magdeburg, Kurt Weill aus Dessau. Johann Sebastian Bach avancierte zum Hofkapellmeister in Köthen.

Kleinmeister wie Johann Beer, der Liedermeister Robert Franz und Johann Friedrich Reichardt gehören hierher. Nicht zu vergessen der große Opernkomponist Richard Wagner.

Karin Opitz

Kreuz und quer durch Sachsen-Anhalt

ISBN 978-3-89772-218-7

80 Seiten
15 Abbildungen

Recht Erstaunliches wird hier erzählt: Dass im Zweiten Weltkrieg mehr als eintausend indische Kriegsgefangene in Annaburg lebten und arbeiteten!
Oder dass in Diesdorf ein heimatverwurzelter Landarzt den Grundstein für eines der ältesten volkskundlichen Freilichtmuseen Deutschlands legte!
Oder was die Gräfin Cosel, bevor sie die Mätresse August des Starken wurde, ins kleine Burgscheidungen geführt hat!
Seien Sie auch auf Überraschungen gefasst in Bad Dürrenberg, Gardelegen, Gommern, Haldensleben, Ilsenburg, Helfta, Bad Lauchstädt, Osterwieck, Piesteritz, Pödelist, Röcken und Reinharz!